Im Gedenken an meinen
geliebten Ehemann Bruce

Impressum:

ISBN Taschenbuch:
978-374-481-7394

© Erstausgabe 2020 Barbara Robinson
© Neuauflage 2023 Barbara Robinson
Alle Rechte vorbehalten.

e-mail: **Barbararobison028@gmail.com**

Herstellung und Verlag:
BoD – Books on Demand, Norderstedt

Cover/Umschlaggestaltung:

Nikolaj Lange

ICH BIN ES WERT

Glück ist machbar

Mit diesem Buch möchte ich Dich immer wieder an Deine Großartigkeit erinnern: Dein ursprüngliches wahres Sein

Barbara Robinson

ICH BIN ES WERT,
DASS ES MIR GUT GEHT.

DARUM ERLAUBE ICH MIR
ALLES,
WAS MIR GUT TUT."
Unbekannt

Inhalt

Vorwort

Mit diesem Buch möchte ich Dich an Deinen großartigen Wert erinnern, den der Verstand nicht erfassen kann.
Du kannst erkennen, wer Du seit aller Ewigkeit immer schon warst und bist, sogar immer sein wirst.
Jetzt erwacht Dein ursprüngliches, wahres Sein.

In diesem Moment wohnt in Deinem Herzen ein wunderbarer Schatz, der nur darauf wartet, von Dir entdeckt und geborgen zu werden. Du brauchst nichts an Dir zu verändern, nur Dein Ego bitten, beiseite zu treten, damit Dein ursprüngliches Licht in Würde hervorscheinen kann.

Du erkennst: Ja, ich bin es wert, glücklich zu sein. Ja, ich bin es wert, alle meine Träume zu verwirklichen. Ich bin es natürlich wert, gesund zu sein. Ich bin es wert, dass ich mich einfach in mir wohl fühle und glücklich bin, ohne erkennbaren Grund.

Ich bin es wert, dass es mir gut geht. Darum erlaube ich mir alles, was mir guttut.
In diesem Moment wird sich Dein Selbst seiner selbst bewusst.

Dieses neue Selbstbewusstsein führt Dich zur lange ersehnten Selbstliebe und der Erkenntnis, selbst RegisseurIn und HauptdarstellerIn Deines Lebens zu sein.

Frieden, Dankbarkeit, Ausgeglichenheit, Unabhängigkeit, Leichtigkeit, Freiheit, Freude, Wohlstand und Abenteuerlust werden Deine neuen Lebensbegleiter.

Wertschätzung

Gleichgültig, was ich tue oder auch nicht, bin ich wertvoll.

Der Wert eines 50-Euro-Scheins bleibt immer gleich, egal, ob ich den Schein zerknülle, darauf trete oder ihn beschmiere. Der Wert bleibt 50 Euro.

Wir aber denken, wenn uns andere Menschen schlecht behandeln, oder wenn mein Körper an manchen Stellen zerknüllt wirkt, sind wir weniger wert.

Wenn wir schöne Kleidung tragen oder etwas Besonderes leisten, fühlen wir uns mehr wert. Ein 50-Euro-Schein bleibt ein 50-Euro-Schein, egal ob dieser in einer teuren Geldbörse oder zerknüllt in der Hosentasche steckt.

Genauso ist es mit unserem Leben. Ich bin einfach wertvoll, weil ich bin.

Juwelen besitzen Wert in sich selbst. Jeder einzelne von uns, ohne Ausnahme, ist ein einzigartiges Juwel mit einer einzigartigen Aufgabe, die nur er oder sie erfüllen kann.

Der ganze Kosmos ist eine große lebende Einheit, wie ein großes Puzzle.

Wenn ich als Teil fehle, ist es unvollständig.

Ich bin also genau so richtig und wichtig, wo und wie ich jetzt gerade bin.

Glaube an Dich

Unser wahres, ursprüngliches Selbst ist ewiges, vollkommenes, unzerstörbares Bewusstsein oder Buddha.

Mein innerer Raum, der sich immer weiter und tiefer ausdehnt, bis dieser schließlich das ganze Universum umfasst.

Dieses universelle Selbst kann durch nichts und niemanden zerstört, herabgesetzt oder vernichtet werden. Nur durch meinen Unglauben kann ich diesen mir ureigenen Wert nicht erkennen und mich ungewollt herabsetzen.
Wie ein armer Bettler, der nicht weiß, dass er einen Edelstein bei sich trägt.

Buddha lehrte seine Schüler immer wieder, dass der Glaube alles entscheidet.

Bitte entschließe Dich jetzt, Schritt für Schritt immer mehr an Dein wahres Selbst zu glauben, bis Du Dich wirklich so annehmen und lieben kannst, wie Du jetzt gerade bist.

Auch wenn Du es nicht immer sofort fühlen kannst, wird Dein Gefühl folgen, wie Dein Schatten Deinem Körper folgt.

Lebe aus der Fülle

Alle Erscheinungen im Universum sind in jedem Moment in unserem Herzen enthalten, das wiederum gleichzeitig in jedem Moment das ganze Universum durchdringt. Unser Sein ist ein unbegrenzt sich öffnender Raum und erschafft in jedem Moment die gesamte uns umgebende Welt.

Mit „Herz" ist die Geisteshaltung eines Menschen gemeint. Wenn ich mich positiv konstruktiv ausrichte und mein Bewusstsein auf bejahende, erfüllende Ziele richte und in der Energie der Erfüllung dankend bleibe, wird das Erwünschte auf jeden Fall in der Realität erscheinen.

Ich kann alles erreichen und mir jeden Wunsch erfüllen. Hüten wir uns jedoch vor den negativen, leisen Stimmen in uns! Wenn ich einerseits positive Ziele aussende, andererseits glaube, es nicht wert zu sein, gewinnt die Stimme des Glaubens, nicht das, was ich mir wünsche und noch so gern hätte. Fühle ich mich wert, Gutes zu erleben und meine Wünsche zu erfüllen?

Wenn ich mir einen langersehnten Wunsch ermöglichen möchte, gleichzeitig in der Tiefe spüre, dass ich mich diesem Wunsch entsprechend nicht wert genug fühle, ist es empfehlenswert, mir erst einmal jene Wünsche zu visualisieren, die meiner momentanen Wertschätzung entsprechen. Spüre ich, dass ich mich z. B. innerlich nicht wert fühle, in großer Fülle und Reichtum zu leben, dann kann ich mich auch erst einmal in weniger Fülle und Reichtum sehen. Erlange ich diesen Lebenszustand, kann ich mich immer noch unbegrenzt nach vorne ausrichten. Sobald ich für meine Ziele und Wünsche bete oder daran denke, bestätige ich immer wieder das stimmige Gefühl und halte die Energie der inneren Gewissheit aufrecht, es wirklich wert zu sein.

Ich bejahe dankend, alles bereits erhalten oder erreicht zu haben, bin erleichtert und voller Freude, bis es im Außen sichtbar wird. Ich erreiche meine Ziele aus dem Gefühl der Fülle und nicht des Mangels.

Glaube und Wertschätzung

Glauben versetzt Berge. Jedem von uns geschieht nach seinem Glauben. Sorgen wir also dafür, dass wir das Richtige glauben. Denn das, was wir glauben, wird Realität. Selbst wenn wir etwas ganz anderes wollen und dafür beten, gleichzeitig nicht daran glauben können, siegt immer der Glaube.

Jeder Glaubenssatz zeigt sich in unserem Leben. Unsere äußeren Lebensumstände spiegeln immer unsere innere Überzeugung wider. Bewusster Glaube ist das innere Erkennen dieser Wahrheit und Wirklichkeit.

Glaube ist die sichere Gewissheit, dass das Erwünschte in Erscheinung treten wird. Wenn ich mich meinem wahren Wesen ganz öffne, erkenne ich meine Buddha Natur. Diese wird natürlicherweise stimmig das verwirklichen, was meinem Seins Auftrag in dieser Existenz exakt entspricht. Ich kann vertrauen und loslassen. Wenn ich mich im Gebet verehren möchte, dennoch glaube, dass ich nicht wert genug bin, spiegelt mir meine Umgebung genau diese Einstellung wider: mangelnde Wertschätzung.

Außen wie innen! Das Außen kann nur meine innere Überzeugung widerspiegeln.

Wenn ich in einen Spiegel schaue und mir das Bild nicht gefällt, nützt es nichts, den Spiegel zu verändern. Die äußere Sichtbarkeit spiegelt die innere Wirklichkeit. Deshalb bejahe ich im Gebet meinen Glauben, wundervoll einzigartig und kostbar zu sein. Ich bin ein großartiger Schöpfer und kann alles verwirklichen, was ich nur glauben kann.

Heilender Glaube beginnt mit der Bejahung meines wahren Seins. Ich erkenne die innere Wirklichkeit, wer ich wirklich bin. Ich kann jetzt alle Hindernisse negativen Glaubens auflösen. Heilungsenergie beginnt zu fließen. Alles ändert sich jetzt, um mir zu helfen und zu dienen, denn das Leben liebt mich.

Das Leben liebt Dich. Ein Neubeginn. Wir drücken auf „Reset"!

Selbstbild

Viele von uns haben ein negatives Selbstbild.

Wir haben es uns nicht selbst geschaffen, sondern unsere Liebsten haben uns seit der Kindheit genauso mangelnd wertschätzend betrachtet, wie sie sich selbst wert sind und wiederum von ihrer Umgebung gesehen wurden, meist noch heute behandelt werden.

Von klein auf an spüren und hören wir, dass wir so, wie wir sind, nicht richtig sind. Du bist zu langsam! Du machst immer alles falsch! Was glaubst du eigentlich, wer du bist...?

Und langsam glauben wir selbst von uns, dass wir so, wie wir sind, nicht richtig und gut sind. Mit uns stimmt etwas nicht.

Je mehr wir glauben, nicht wertvoll zu sein, desto mehr verhalten wir uns würdelos, worauf unsere Umgebung unmittelbar reagiert.

 Willkommen im Teufelskreis.

So warten wir unser ganzes Leben lang vergebens darauf, dass die anderen endlich unseren Wert erkennen, um endlich glücklich zu sein.

Wir befreien uns, indem wir uns immer wieder bewusst machen, wer wir wirklich, ursprünglich sind.

Wir sind reines Bewusstsein, von Natur aus vollkommen und so, wir jetzt gerade sind, würdig, ein Leben voller Wert zu führen.

Wertschätzend erinnern wir uns immer wieder daran.

SGI

Ich übe mich jetzt seit über 30 Jahren unter Gleichgesinnten, meinen wahren Wert zu leben und diesen in den anderen ebenfalls zu erkennen. Ich bin aktives Mitglied in der SGI. Die **Soka Gakkai International*** (SGI) ist die internationale Gemeinschaft von Laiengläubigen des Buddhismus Nichiren Daishonins.

Sie wurde im Jahr 1975 von Daisaku Ikeda gegründet und ist seit 1983 als Nichtregierungsorganisation (NGO) in den Vereinten Nationen vertreten.

Soka Gakkai bedeutet „Werte schaffende Gesellschaft zur Förderung von Frieden, Kultur und Bildung" auf der Grundlage des Nichiren-Buddhismus. Zurzeit umfasst die SGI etwa 12 Millionen Mitglieder in 192 Ländern.

Überall auf der Welt treffen wir Mitglieder uns regelmäßig, neben unserer täglichen Ausübung zu Hause, um gemeinsam „Nam Myoho Renge Kyo" zu chanten, die buddhistischen Schriften und Prinzipien zu studieren und Interessierten die Möglichkeit zu bieten, sich einen Eindruck zu verschaffen.

Die Gemeinschaft existiert für uns Mitglieder und wird durch uns gestaltet.

Die Mitgliedschaft ist freiwillig und kostenlos.

Die SGI entwickelt sich auf Grundlage des Buddhismus Nichirens, der von der Gleichheit aller Menschen ausgeht. Er beruht auf dem tiefen Respekt vor der Einzigartigkeit und Freiheit des Einzelnen.

Vision

Josei Toda, der zweite Präsident der Soka Gakkai, sagte: „Wenn alle Menschen den Lebenszustand der Buddhaschaft hervorbringen, können sie den erhabenen Wert ihres Lebens offenbaren.

Dann wird es keinen Krieg und Hunger mehr in der Welt geben. Es wird weder Krankheit noch Armut geben."

Erkennen wir erneut, wie erhaben wundervoll und wertvoll wir sind.

Nam Myoho Renge Kyo

Nichiren Daishonin erklärt: „Nur die sieben Silben von Nam Myoho Renge Kyo zu rezitieren mag begrenzt erscheinen, da aber dieses Gesetz der Meister aller Buddhas der Vergangenheit, Gegenwart und Zukunft, der Lehrer aller Bodhisattvas des Universums ist und der Ratgeber, der alle Menschen dazu befähigt, die Buddhaschaft zu erlangen, ist seine Ausübung unermesslich tiefgründig."

„Nam" bedeutet Widmung. Wir widmen uns dem mystischen Gesetz des Lotos-Sutra.

„Myoho" bedeutet mystisches Gesetz,

„Renge" bedeutet Lotosblume und steht für die Gleichzeitigkeit von Ursache und Wirkung.

„Kyo" bedeutet wörtlich übersetzt Sutra, das heißt die Stimme oder die Lehre eines Buddhas.

Zusammengefasst könnte man die Bedeutung von „Nam Myoho Renge Kyo" so ausdrücken: Durch das Chanten manifestiere ich die in mir existierende Buddha-Natur, durch die ich das Prinzip von Ursache und Wirkung in meinem täglichen Leben so anwenden kann, dass ich und meine Umgebung dauerhaft glücklich werden. (Eine Philosophie des Lebens - Einführung in den Buddhismus Nichirens)

Selbstliebe

In der Kindheit hat unsere ganze Umgebung uns immer wieder signalisiert, wie wir sein und vor allem, wie wir nicht sein sollen.

Wir brauchten ihre Anerkennung und Liebe, um zu überleben. Heute noch, auch als Erwachsene, haben wir ihre Vorstellung von uns unbewusst verinnerlicht und unreflektiert übernommen.

Irgendwann stellen wir fest, dass wir gar nicht mehr selbst wissen, wer wir wirklich sind und was uns glücklich macht.

Wir leben das Leben der Anderen und bekommen dafür immer noch nicht die langersehnte Liebe und Anerkennung.

Wir spielen unsere vermeintlich zugedachte Rolle und rennen ständig wie ein Hamster im Hamsterrad ihrer Anerkennung hinterher.

Schließlich erwachen wir zu uns selbst: Wenn ich mich nicht endlich entschließe, mich selbst zu lieben, bleibe ich auf der Strecke! Und allmählich, siehe da:

Wenn ich mich akzeptiere und liebe, so wie ich nun eben jetzt bin, erschaffe ich mir immer mehr eine Umgebung des liebevollen Respekts.

Liebe ist das bewusste Annehmen meiner selbst mit allen Unzulänglichkeiten. Ganz „Ja" sagen zu mir, so wie ich jetzt bin, mit allen Unvollkommenheiten. Das Außen spiegelt immer das Innen. Sobald ich mich ablehne, lehnen mich auch die anderen ab.

Die entscheidende Frage ist, inwieweit bin ich mir der Spiegelfunktion meiner Umgebung bewusst und wie sehr bin ich bereit, die volle Verantwortung für mein Glück, für mein Leben zu übernehmen?

Wenn ich mich selbst liebe, ist alles, was ich tue, in Liebe. Liebe ist eine ganz mächtige Kraft, sie heilt, macht gesund und erfolgreich. Die anderen Menschen spüren meine Selbstliebe. Es ist eine besondere Energie der

Unabhängigkeit, die andere ganz natürlich anzieht.

Um mir in Liebe selbst treu zu sein, ist es entscheidend, meine Mitte zu finden, mich auszurichten und so lange wie möglich in meinem Zentrum zu bleiben, bis niemand mich mehr aus meiner Mitte schubsen kann.

„Nam Myoho Renge Kyo" steht in der Mitte des Gohonson. So konzentriere ich mich beim Chanten immer wieder auf meine Mitte, den Herzenswunsch, Buddha in mir sehen zu wollen, und wachse über mich hinaus.

Ich erhebe mich zu mir selbst. Ich kann aus mir heraus einen Lebenszustand öffnen, der so unbegrenzt, frei, weit und offen ist wie das ganze Universum.

Unbewusstes Denken

Wir denken am Tag circa 50.000 Gedanken. Wie viele davon sind uns überhaupt bewusst?

Unser Denkapparat hat sich verselbständigt und wir bemerken gar nicht, wie viel Negatives von uns gedacht wird.

Unser konditionierter Verstand hat sich wie ein Radio im Hintergrund, mal laut, mal leise, abgekoppelt. Dennoch setzen diese Gedanken in jedem Moment Ursachen.

Jeder auch noch so unbedeutende unbewusste Gedanke kommt auf mich zurück.

Wenn mein Denkapparat negativ programmiert ist, erfahre ich negative Ereignisse. Immer fließt dorthin die Energie, worauf ich sie lenke, auch unbewusst.

So beschäftigt sich unser Unterbewusstsein ständig mit Negativem und hält es für die Realität. Entweder verweile ich in Sentimentalität, Groll, Reue oder Trauer über die Vergangenheit, oder in Angst, Sorge oder Hoffnung über die Zukunft.

Ich lebe nur nicht in diesem Moment, in dem das wirkliche Leben stattfindet. Wenn ich das Jetzt verpasse, verpasse ich mein Leben.

Ich erhebe mich über meinen Verstand und tauche in diesem Moment in die Gegenwärtigkeit des Seins ein.

Kommen wieder Gedanken, versuche ich, als neutraler, nicht bewertender Beobachter, jeden Moment zu fühlen, um umgehend meine Gedanken positiv umzuformulieren, bevor diese zu einer mir unerwünschten Wirkung führen.

Unser Verstand kann nur einen Gedanken zur Zeit denken. Ich kann in jeden Moment wieder neu beginnen.

Von jetzt an! Bewusstes, gezieltes Denken gepaart mit Dankbarkeit für erwünschte Ergebnisse ändert schließlich mein Karma. Wir können Meister unseres Herzens werden und brauchen uns nicht von unserem Herzen meistern zu lassen, ermutigt uns Buddha.

Die Kostbarkeit meines Lebens

Selten, wenn überhaupt, hat uns jemand von Kindheit an gesagt, dass wir einfach nur, weil wir sind, einzigartig kostbar sind.

In den Schriften des Buddhas (Gosho) an seine Anhänger erkannte ich zum ersten Mal in meinem Leben die Unantastbarkeit und Würde meines Seins.

Der Daishonin sagt, dass ein einziges Leben mehr wert ist als das ganze Universum: „Sie haben noch viele Jahre vor sich und zudem haben Sie das Lotos-Sutra getroffen.

Selbst wenn sie nur einen einzigen Tag weiter leben, können Sie so viel mehr Nutzen ansammeln.

Wie wahrhaft wertvoll ihr Leben ist."

Licht und Schatten

Je tiefer ich meine Buddha Natur der unbegrenzten Wertschätzung öffne und erkenne, wie wundervoll, einzigartig, großartig, liebenswert und unersetzlich wertvoll ich bin, desto klarer sehe ich gleichzeitig in mir Bereiche der Dunkelheit.

Der Buddhismus nennt dies die „Fundamentale Dunkelheit". Manchmal scheint es einfacher, sein Leben vertrauensvoll in die Hände einer äußeren Macht zu legen, anstatt die volle Verantwortung für alle Lebensbereiche allein zu übernehmen.

Wo viel Licht ist, ist auch viel Schatten. Dieses Prinzip zu erkennen ist notwendig, um nicht bei unerwarteten negativen Ereignissen aufzugeben und in alte Verhaltensmuster zurückzufallen, sondern die eigenen Träume und Wünsche sogar noch zu verstärken.

Gift in Medizin verwandeln. Je dunkler die Nacht, desto näher der Morgen.

38

Verbundenheit

Immer mehr Menschen leben heutzutage allein, fühlen sich einsam und empfinden keine Verbundenheit mehr mit den Mitmenschen und ihrer lebendigen Umgebung.

Wenn wir wieder erkennen, wer wir wirklich sind, erwachen wir zu unserem ursprünglichen gesunden, niemals alternden Sein, das mit allem Leben im ständigen Austausch und in jedem Moment verbunden ist, selbst wenn wir es nicht sehen und spüren können.

Immer tiefer, durch meine buddhistische Praxis des Buddhismus Nichiren Daishonins (1222-1282) in der SGI, verstehe ich die Worte des Buddhas, wenn er sagt: „Der einzige Unterschied zwischen Buddha und uns gewöhnlichen Sterblichen ist, dass Buddha erwacht ist und wir gewöhnlichen Wesen in Illusion leben."

Erwachen wir aus der Illusion unseres kleinen Ich, welches sich getrennt und isoliert fühlt und immer wieder befreit und geliebt werden möchte durch Anerkennung und Selbstbestätigung außerhalb des Selbst.

Einsamkeit

Den Mut zu haben, sich wirklich in diesem Moment mit sich in sich einzulassen, konfrontiert uns mit unserer Einsamkeit.

Die Ungewissheit, was aus der Tiefe unseres Selbst an die Oberfläche kommen könnte, hat für uns etwas Bedrohliches, Beunruhigendes.

So stürzen wir uns lieber in die Außenwelt, die uns Bestätigung und Belohnung für unsere Aktivitäten verspricht.

Durch ein Übermaß im Außen verlieren wir jedoch immer mehr den Kontakt zu uns selbst.

Wir entwickeln das Gefühl, nur noch verschiedene Rollen zu spielen und wissen immer weniger, wer wir wirklich sind. So funktionieren wir wie ein Hamster im Hamsterrad.

Wir fühlen uns gestresst, ausgelaugt und zunehmend innerlich leer, bis der Moment gekommen ist, einen ehrlichen Blick auf uns selbst nach innen zu richten.

Dies erfordert Mut, die eigene Einsamkeit an sich heranzulassen. Wage ich es, öffnet sich mein wahres Selbst und ich erkenne, dass ich immer schon verbunden und nie getrennt bin von anderen, dem Ganzen.

Das Außen spiegelt nur mein Inneres wider und bildet mit mir eine Einheit.

Schließlich kehre ich in diese Einheit mit dem Universum zurück. Ich werde wieder mit dem All eins und erkenne: Ich bin das Ganze. Das Ganze ist in mir.

Dieses Gefühl des Heimkommens erlebe ich beim Chanten von „Nam Myoho Renge Kyo" vor dem Gohonson.

Die Einsamkeit unserer Existenz

Unsere Einsamkeit hängt damit zusammen, dass nur wir selbst in unserer eigenen Haut stecken.

Nur wir selbst wissen, wie es sich anfühlt, unser Leben zu leben und wir selbst zu sein. Natürlich können wir versuchen, vieles davon uns wichtigen Menschen zu vermitteln, vor allem denen, die wir lieben.

Wir möchten, dass sie so viel wie nur möglich an unserem Leben teilhaben.

Wir wollen von dieser Person verstanden werden, warum und weshalb wir was und wie tun. Wir versuchen, unserem Gegenüber deutlich zu machen, wie es in unserem Innenleben aussieht, aber dies gelingt nur in beschränktem Maße.

Wir können zwar von uns erzählen, stoßen dabei notgedrungen auf eine Dimension unserer Existenz, die sich nicht in Sprache fassen lässt.

Der Grund dafür liegt nicht in der Begrenzung unserer Sprache, sondern darin, dass die Dimension unserer Existenz unendlich, unbegrenzt und ewig ist und vom Verstand nicht vollständig zu erfassen ist.

Es ist unser aller unbegrenztes, ewiges Sein, das sich kaum in Worte oder Konzepte fassen lässt.

Die größte Illusion dabei ist unser Verstand, der sich als getrennt von anderen erlebt und damit immer wieder versucht, im Außen Anerkennung und Bestätigung zu finden.

Tod

Bei sich zu sein und sich selbst auszuhalten, setzt voraus, dass wir bereit
sind, uns auch unserer scheinbaren
Endlichkeit zu stellen.

Es ist unumgänglich, in unserem Leben
die Tiefe zuzulassen, unserer Sterblich-
keit bewusst ins Auge zu blicken: die
Kunst zu sterben, bevor wir sterben.
Dadurch erfasst unser Leben eine tiefere Dimension, die uns erfüllter leben
lässt. Viele Menschen, die Nahtod-
Erfahrungen erlebt haben, wünschen
sich, tiefe menschliche Beziehungen zu
leben und etwas Sinnvolles für andere
zu tun.

Wenn wir versuchen, uns als neutraler
Beobachter nicht mit unserem Ego zu
identifizieren und bereit sind, uns mit
etwas Größerem, Ewigem zu verbinden, erkennen wir unser ursprüngliches
wahres Selbst, das nie geboren wurde
und auch nie sterben wird.

Einsamkeit und Tod sind Illusionen des Ego, welches sich als getrennt und isoliert vom Ganzen erlebt.

Unser wahres Selbst entspricht dem Schriftzeichen MYO. Wenn wir uns „Myo" öffnen, erfahren wir die Freiheit des Sterbens unseres Egos in diesem Moment, das Heimkehren in das große Ganze.

Wie eine Welle, die sich wieder mit dem großen Ozean vereint oder ein Sandkorn, welches sich wieder mit der ganzen Erde verbindet. Dies ist der unbegrenzte Buddha Zustand.

Wir werden nicht nur getragen vom Ganzen, sondern sind selbst das Ganze, in jeden Moment neu.

Wir sterben, bevor wir sterben. Die Welle symbolisiert unser individuelles Leben, das sich selbst wieder als Ozean erkennt. Spätestens im Tod kehren wir wieder in den Ozean zurück, bevor wir erneut als Welle geboren werden und in Erscheinung treten.

Die 3 Gifte

Im Buddhismus gibt es 3 Funktionen, die uns davon abhalten, unser wahres großartiges Potential zu erkennen. Sie werden die 3 Gifte genannt: **Unwissenheit, Habgier und Ärger.**

Wenn ich nicht erkenne, wie wertvoll, wahrhaft großartig ich bin, verleugne ich mein wahres Selbst und das aller anderen Lebewesen durch meine **Unwissenheit**. Aus dieser Unwissenheit heraus entsteht die Habgier.

Ich glaube, mir selbst nicht genug zu sein und suche Liebe, Anerkennung und mein Glück bei anderen, im Außen.

Ich möchte haben, nicht sein. Da nichts im Außen mich tiefreichend, langfristig wirklich glücklich machen kann und dies einer Illusion entspringt, verstärkt sich diese **Gie**r ins Unersättliche, Unermessliche.

Ich bin nie wirklich zufrieden. Da das Außen nur die innere Wirklichkeit widerspiegeln kann und ich aus einem inneren Mangel handle, spiegelt mir meine Umgebung wieder und wieder schmerzhafte Enttäuschungen.

Langsam bin ich frustriert, werde wütend und ärgere mich. Ich bestrafe mich für die Fehler der anderen. **Ärger** ist ein starkes Gift, das mich krank und immer ärger macht. Zunehmender Ärger verstärkt meine Unwissenheit über mein Wahres Selbst, welches wieder die Habgier verstärkt und mich gleich noch mehr ärgert. Ein Teufelskreis!

Jetzt, in diesem Moment dankbar zu sein und die gegenwärtige Realität, so wie sie ist, annehmen und würdigen. Im Sein sich mit dem Leben verbunden fühlen und es zu genießen, ist wahrer Wohlstand.

Dieses Zurückkehren zum einfachen Dasein befreit mich aus dem endlosen Habenmüssen im Außen.

Karma

Das Sanskritwort „Karma" bedeutete ursprünglich „Handlung". Im Buddhismus bedeutet es, dass jeder Gedanke, jedes Wort und jede Tat einen latenten Einfluss auf unser Leben ausübt.

Dieser Einfluss oder dieses Karma manifestiert sich, wenn es durch einen äußeren Anreiz aktiviert wird und produziert eine entsprechende Wirkung.

Nach dieser Vorstellung formen unsere Handlungen der Vergangenheit unsere Gegenwart und unsere Handlungen in der Gegenwart bestimmen wiederum unsere Zukunft.

Dieses Gesetz der karmischen Ursache und Wirkung erstreckt sich von der Vergangenheit über die Gegenwart in die Zukunft. (Aus „Eine Philosophie des Lebens - Einführung in den Buddhismus Nichirens")

Identität

Viele Menschen identifizieren sich mit ihren äußeren Schätzen, ihren Kindern, ihrer Position, ihrem Vermögen.

Nach dem Motto: Hast du was, bist du was! Dafür knechten wir unsere Mutter Natur, die Tiere, Pflanzen und Menschen, nur um noch einen höheren Profit zu erzielen.

Wir verkennen, dass wir dadurch lebensverneinende Ursachen setzen und unser Glück auf dem Unglück anderer aufbauen. Zudem ist alles im Fluss, unbeständig und dem Wandel unterworfen.

Dabei warnte uns der Daishonin, der Buddha, bereits im 13. Jahrhundert: „Wertvoller als die Schätze in einer Schatzkammer sind die Schätze des Körpers. Und die Schätze des Herzens sind die wertvollsten von allem. Ich bitte Sie, von diesem Augenblick an, die Schätze Ihres Herzens anzusammeln."

Es ist unser wahres Selbst, unsere Buddhaschaft, die in unserem Herzen

wohnt und seit Anbeginn darauf wartet, in Erscheinung zu treten.

Dies ist wiederum eine Frage unserer
Entscheidung von jetzt an. Präsident
Ikeda sagt dazu: „Unsere Entschluss-
kraft gerät gelegentlich ins Wanken.

Entscheidend ist dabei nur, dass wir
darüber nicht den Mut verlieren und
das Handtuch werfen.

Erkennen zu können, dass wir uns selbst
wieder vergessen haben, ist bereits
Zeichen unseres Wachstums."

Wir beginnen einfach wieder von
Neuem. Immer wieder neu: Von jetzt
an: Hon in Myo.

Opfer oder Schöpfer

Ich entscheide mich immer wieder neu: Raus aus der Opferrolle!

Zu denken, dass ich nichts an meiner Situation ändern kann, macht mich schwach, abhängig und hilflos.

Andererseits schenkt mir meine Umgebung vielleicht Mitleid. Die Menschen erhalten Macht über mich; weil sie so sind, wie sie sind, geht es mir schlecht.

Nun kann es manchmal von Vorteil sein, sich als Opfer zu fühlen, selbst wenn dies keine Lösung ist, da die Außenwelt dem Innenleben entspricht - nicht umgekehrt.

Als Opfer brauche mir keine Gedanken zu machen, ob es nicht auch an mir selbst gelegen hat, dass ich in so eine schwierige Situation geraten bin - und das nicht zum ersten Mal!

Auch brauche ich mir nicht die Frage zu beantworten, was ich daraus vielleicht über mich selbst und mein Leben lernen kann. Vielleicht hat die Verletzung ja etwas Wichtiges über mich selbst zu sagen, das mich stärkt und reifen lässt?

Als Opfer kann ich mich getrost über die anderen beschweren. Und dabei habe ich jedes Recht der Welt dazu, denn immerhin bin ich durch sie ja zum Opfer geworden.

Das allgemeingültige Gesetz der Entsprechung jedoch besagt, dass das Außen nur die innere Wirklichkeit widerspiegeln kann.

So erkenne ich, dass ich ein Schöpfer bin und nehme in Liebe meine naturgegebene Kraft und Macht an.

Ich erlaube mir, das Leben von innen zu öffnen, über mich selbst zu erheben, um alles in meinem Leben zu verwirklichen, was mein Herz vor Freude zum Singen bringt.

Opfer? Kämpfer? Macher? Coach? Schöpfer?

Das Opfer fühlt sich gefangen und sieht nur sich in seiner Ohnmacht.

Der Kämpfer fühlt sich weiterhin auch als Opfer der äußeren Umstände und versucht gegen diese zu kämpfen. Er bleibt dennoch ein Opfer, aber verliert sehr viel Kraft, weil das Dagegen sein energetisch anstrengender Widerstand ist und kaum Veränderung bewirkt.

Der Macher will gewinnen und sieht sich bereits selbstbewusst gewinnen. In erster Linie denkt er nur an sich. Andere dürfen auch gewinnen, solange sie nicht gegen seine Absichten handeln.

Der Coach möchte andere unterstützen, zu gewinnen. Ihm geht es nicht vorrangig um ihn.

Der Schöpfer sieht alle Seiten, bleibt ganz neutral und wertet nicht.

Er kann alles so annehmen, wie es ist.

Er hat das Allgemeinwohl im Blick und handelt dementsprechend.

Einheit von mir und meiner Umgebung

Der Buddhismus erläutert das Prinzip der Einheit von mir und meiner Umgebung.

Mein Sosein erschafft in jedem Moment meine Umgebung. Das Außen kann nur meinen inneren Lebenszustand widerspiegeln.

Wenn mir die Menschen in meiner Umgebung nicht gefallen, kann ich nur mich selbst verändern.

Eigentlich sind es nicht die anderen Menschen, die es auszuhalten gilt, sondern die Spannungen, die die anderen in mir hervorrufen.

Es sind meine Spannungen, die ich habe; selbst wenn die anderen der Grund dafür sein mögen, sind diese in mir.

Ich richte meine Aufmerksamkeit von anderen Menschen und von spannungsreichen Situationen auf mich

selbst, um mein inneres Erleben zu verändern.

Ich erkenne mich wieder als Schöpfer.
Ändere ich mich, ändert sich gleichzeitig meine Umgebung. Das ist Befreiung. Damit werde ich vom Opfer
zum Schöpfer.

In jedem Augenblick habe ich durch
meine Gedanken, meine Worte und
Taten die Möglichkeit, hier und jetzt
neue Ursachen zu setzen und damit
mein Karma zu ändern.

Nach dem universellen Gesetz von Ursache und Wirkung erntet jeder das,
was er sät.

Ursache - Wirkung

Auch wenn die Ursachen, die wir in der Vergangenheit gesetzt haben, unsere Gegenwart gestalten, ist es dennoch die Gegenwart, d.h. unser Verhalten in eben diesem Augenblick, die unsere Zukunft bestimmt. Die Ursachen aus unserer Vergangenheit müssen also nicht auch noch in unsere Zukunft hineinreichen.

Wie der Daishonin betont, können wir durch die Ursachen, die wir in der Gegenwart setzen, unabhängig von unseren karmischen Ursachen aus der Vergangenheit, eine strahlende Zukunft erschaffen.

„Renge" von „Nam Myoho Renge Kyo" steht für die Einheit von Ursache und Wirkung.

Obwohl ich dieses universelle Prinzip, oft erst im Nachhinein, als wahr und stimmig erfahren habe, fühle ich mich dennoch immer wieder in widrigen, unerwarteten Situationen als Opfer. Ich fühle mich dann hilflos, abhängig, machtlos ausgeliefert. Dies entspricht dem Verhaltensmuster meiner Kindheit.

In solchen Momenten erkenne ich nicht, dass ich diese Umstände selbst verursacht habe. Im Gegenteil: Ich sehe diese Umstände als mir gegenüber feindselig an und erkenne nicht, dass meine eigenen Gedanken, Worte und Handlungen mich erst in diese Situation geführt haben.

Jeder Gedanke, sei er noch so unbewusst, kehrt zu mir zurück. Ebenso jedes unbedachte Wort und jede noch so unbedeutende Handlung. Der Buddha sagt: „Wir sind mit grenzenloser Kreativität, Schöpfermacht und Kraft ausgestattet, um alle Dinge in und um uns herum jederzeit zu ändern."

Wenn ich dies erkenne, dann brauche ich mich nicht mehr in unangenehmen Situationen zu fürchten, ärgern oder zu schämen.

Ich sage zu mir dann ganz verwundert: Oh, das hast du dir ja selbst geschaffen. Interessant! Jetzt kann ich neu meinen Wünschen und Zielen entsprechende Ursachen setzen, die zu erwünschten Wirkungen führen.

Was ich säe, werde ich exakt ernten! Wenn mir meine Ernte nicht gefällt, kann ich nur die Saat ändern, nicht die Ernte.

So setze ich in jedem Moment neue, mir erwünschte Ursachen und reagiere möglichst nicht auf meine Wirkungen.

Wenn ich meine von Natur aus gegebene Schöpfermacht und Kraft mit Liebe in Besitz nehme, erfahre ich gleichzeitig eine unglaubliche innere Befreiung.

Lebenskraft und Freude erwachsen aus mir und ich gewinne wirkliches Selbstvertrauen. Ich bin die Regisseurin meines Lebens.

Ich kann alles in meinem Leben erreichen, jederzeit. Ich brauche es nur zu verursachen, indem ich das Gewünschte in Bildern mit Dankbarkeit visualisiere und durch konkrete Ziele formuliere.

Ich erlebe es bereits, tue so als ob. Immer, wenn ich daran denke und dafür bete, halte ich energetisch dankbar den erwünschten Endzustand aufrecht, bis er zur Realität geworden ist und somit im Außen in Erscheinung tritt.

Das Außen spiegelt mein Innen - nicht umgekehrt!

Getrennt von anderen

Sobald ich unbewusst, unkontrolliert denke und von diesen Gedanken beherrscht bin, herrscht mein Ego in mir.

Das Ego lebt davon, sich als getrennt und isoliert von anderen zu identifizieren. Als Folge fühle ich mich einsam.

Dieses Gefühl des Getrenntseins kommt aus der illusionären Vorstellung eines getrennten Ichs. Sobald ich die Illusion entlarve, kann ich mich aus dieser befreien.

Alle Lebewesen sind durch einen unsichtbaren Lebensfaden miteinander verbunden.

Nichts und niemand existiert isoliert und getrennt vom Ganzen. In Wirklichkeit sind alle Lebewesen unbegrenztes, universelles, ewiges Bewusstsein.

Soweit ich mein Bewusstsein ausdehne, soweit erfahre ich mein Selbst.

Ich erkenne, dass mein Körper in mir ist und nicht umgekehrt! Immer freier und liebevoller durchdringe und umfange ich das Ganze und nehme Einfluss auf das Ganze.

Der Buddha sagt, dass der einzige Unterschied zwischen einem Buddha und uns gewöhnlichen Sterblichen ist, dass wir in der Illusion eines getrennten Ichs gefangen sind. Buddha ist zum Selbst erwacht.

Mein wahres Selbst ist unbegrenzte kosmische Kraft und widmet sich ständig der Heilung, der Liebe und der Segnung aller Lebewesen.

Für - nicht gegen

Ich habe irgendwann beim Chanten von „Nam Myoho Renge Kyo" in mir festgestellt, dass ich nicht für Gesundheit bin, sondern gegen Krankheit.

Gegen Armut bin, nicht für Wohlstand. Und da das Unterbewusstsein kein Nein kennt, ziehe ich genau das an, wogegen ich bin, was ich ablehne.

Jetzt entscheide ich mich, in diesem Moment, ganz bewusst für Gesundheit, für Wohlstand, für Glück.

In diesem Wohlstands-Bewusstsein bleibe ich freudig erleichtert und bedanke mich, als ob es bereits so ist. Tue so als ob!

Jetzt bin ich auf der richtigen Spur, im richtigen Rhythmus. Das Leben kann nicht anders, als diesen inneren Zustand im Außen zu spiegeln und zu manifestieren.

Was will ich?

Viele Menschen wissen gar nicht, was sie wollen. Einige wissen nur, was sie nicht wollen. Und da unser Unterbewusstsein kein Nein kennt, erfahren wir genau das Ungewollte und sind verwundert.

Ich habe von einem weisen Buddhisten den Rat bekommen, gezielt bis zu einem bestimmten Datum konkret zu chanten, um dann genau zu wissen, was ich wirklich will und was nicht - was vielleicht andere für mich wollen.

Es funktioniert.

Auch habe ich dabei erkannt, warum ich etwas möchte. Ich kann jetzt ganz detailliert dankend für meine Ziele beten und höre erst auf, wenn sie sich im Außen manifestiert haben

Annehmen

Wenn wir jung sind, haben wir Träume und Wünsche. Wenn wir älter werden, stellen wir vielleicht fest, dass wir uns unser Leben ganz anders vorgestellt haben.

Täglich werden wir mit Situationen konfrontiert, die wir nicht annehmen können und innerlich NEIN sagen. Wir kämpfen dagegen an, verdrängen oder resignieren. Wir leiden.

Dieses NEIN kostet uns sehr viel Energie und die Umstände kleben an uns wie Kaugummi. Wir leiden so lange, bis wir jede noch so widrige Situation annehmen.

Wir können jede Situation, sei sie noch so unangenehm, annehmen. JA sagen.

Sind wir dagegen, leiden wir. Warum? Weil die Situation bereits so ist, wie sie ist. Ich sollte auch nicht die Gedanken, die dagegen sind, bekämpfen.

Es ist nur ein Gedanke, kommt nicht aus meinem wahren Selbst, entspricht nicht der Realität. Es ist meine gedankliche Interpretation der Situation.

Diese NEIN-Gedanken machen mich immer unglücklicher. Das Unglücklich sein kommt von meinen Vorstellungen und Erwartungen.

Ich verwechsle also die Interpretation der Situation mit der Situation selbst. Ich kann jetzt bewusst wahrnehmen, was ich jetzt denke und welche Emotionen diese Gedanken bei mir auslösen. Erst, wenn ich die Situation wirklich annehme, kann ich sie zulassen, loslassen, verändern.

Ich löse so meinen inneren Widerstand und bin frei von den ständig wechselnden Situationen und Umständen.

Eins sein mit der Situation

Nur das JA ohne gedanklichen oder emotionalen Widerstand öffnet einen inneren Raum in mir.

Ich werde eins mit dieser Situation. Dieses bedingungslose Annehmen ist die Ursache zur Veränderung in der Tiefe.

Dieses tiefe formlose Sein, mein Bewusstsein, das unendlich weit ist und alles annehmen und tragen kann.

Wie der Ozean alle Flüsse in sich aufnimmt und vereint und dadurch immer größer, stärker und mächtiger wird.

Oder ich erlaube diesen NEIN-Gedanken und NEIN-Gefühlen, da zu sein. Ich erlaube dem Widerstand, da zu sein.

Damit fällt er in sich zusammen, weil der Widerstand Widerstand braucht.

Ich nehme wahr und heiße den jetzigen Moment, das jetzige Gefühl und den Gedanken so willkommen.

Durch meine Hingabe an den jetzigen Moment verwandelt sich die Situation.

Selbst wenn die Situation so bleiben würde, stört es mich nicht mehr.

In beiden Fällen habe ich gewonnen.

Ich erkenne: Das Leben liebt mich und es möchte mir mit diesen Lebensumständen nur helfen, stark, unabhängig und frei zu sein.

Inneres Kind

Ich verfalle immer, wenn es mir eh nicht so gut geht, in mein altes Muster meiner Kindheit und fühle mich wie damals: schwach, hilflos und abhängig. Ich fühle mich wieder als Opfer.

Erst wenn ich es durchschaue, erkenne ich, dass ich in diesem Moment, unabhängig von meiner Vergangenheit, ja unabhängig vom letzten Moment, eine mir gewünschte Ursache setzen kann und nicht nur auf eine Wirkung aus einer mir nicht mehr bewussten Ursache reagiere.

Ich setze jetzt frei eine neue Ursache und visualisiere dankend meinen erwünschten Endzustand. Ich bin wirklich froh, dass meine Kindheit vorbei ist.

Ich segne diese Vergangenheit in Liebe und verändere sie.

Den Schmerz annehmen

Alle Menschen sehnen sich nach Liebe. Wir fühlen einen Mangel, das unstillbare Verlangen, endlich geliebt zu werden, so wie wir sind.

Unsere Eltern waren nicht in der Lage dazu, weil sie sich selbst auch nicht so lieben konnten, wie sie sind.

Deshalb fürchten wir uns so sehr vor dem Alleinsein, weil sich dann dieser verdrängte Schmerz meldet. Dieser wartet die ganze Zeit nur darauf, endlich von mir angenommen zu werden, damit er geheilt werden und gehen kann.

Solange ich die Liebe im Außen suche, strahle ich Bedürftigkeit aus und ziehe damit Menschen in mein Leben, die nach dem Gesetz der Resonanz genauso bedürftig sind wie ich.

Irgendwann kommt der Moment, in dem ich mich traue, nach innen zu schauen, meinen Schmerz zuzulassen und wirklich ganz anzunehmen.

Es scheint mich manchmal zu zerreißen. Es schnürt mir die Kehle zu. Ich kann es nicht aussprechen.

So chante ich „Nam Myoho Renge Kyo" in diesen Schmerz hinein und lasse mich von meiner Buddha Schaft heilen. Heilung geschieht!

Nichiren Daishonin sagt: „Leiden Sie, worunter Sie leiden müssen und freuen Sie sich, worüber man sich freuen kann. Betrachten Sie Leiden und Freude als Tatsache des Lebens und chanten Sie unter allen Umständen weiter ‚Nam Myoho Renge Kyo'. Dann werden Sie die grenzenlose Freude des Gesetzes erleben."

Haben wir den Mut, uns den vielfältigen Leiden des Lebens zu stellen. Erst durch die bedingungslose Annahme, das 100%ige „Ja", kann Heilung geschehen.

Scham und Schuld

Neulich erzählte mir eine gute Bekann-te, dass sie Scham- und Schuldgefühle empfindet, wenn sie gut für sich selbst sorgt, obwohl ihre Familie sie unter-stützt und die Kinder alt genug sind und ihren eigenen Interessen nachge-hen.

Vom Verstand her weiß sie, dass es z. B. gut ist, zum Sport zu gehen und für sich zu sorgen. Nur wenn sie fit und ge-sund ist und ihr es gut geht, kann sie anderen helfen.

Sie erkennt das gleiche Verhaltens-muster bei ihrer Mutter. Von Generati-on zu Generation wurde Frauen immer wieder die gleiche Rolle zugedacht: für andere da zu sein. Im DU-Bewusstsein, im Außen, zu leben. Meist verlieren wir uns darin.

Männer währenddessen befinden sich eher im ICH-Bewusstsein. Sie verblei-ben in dem Single-Bewusstsein, auch mit Familie. Selbst wenn sich die ganze Familie bewegt, um die Eltern des

Mannes zu besuchen, kündigt er sich als „ICH komme euch besuchen" an.

Idealerweise wäre es gut, wenn sowohl die Frau als auch der Mann ein WIR-Bewusstsein entwickeln.

Im WIR-Bewusstsein ist das Wohlgefühl jedes Einzelnen genauso wichtig und wertvoll wie das des Anderen.

Erkenne ich wieder mein wahres Selbst und erhebe mich dazu, kann ich mich von meiner vorübergehenden Rolle als Ehefrau oder Ehemann befreien und das Familien-Karma von Schuld und Scham auflösen.

Indem ich mich wieder erinnere, dass jeder vorrangig für das eigene Wohlbefinden und die eigene Gesundheit verantwortlich ist, sorge ich gut für mich und natürlich für meine Kinder.

Klimawandel

Die ganze Welt, besonders die Jugend, ist jetzt endlich aufgestanden, um sich für eine klimafreundliche Lebensweise einzusetzen. Dies ist dringend notwendig und eine sehr überlebenswichtige Angelegenheit.

Wie die buddhistische Gesetzmäßigkeit der „Einheit von Person und der Umgebung" besagt, spiegelt der innere Klimawandel den äußeren Klimawandel wider.

Wenn jede einzelne Person sich aus ihren Illusionen befreit, die wie Nebel die Sonne hindern, nährendes Licht zu spenden und beginnt, Psychohygiene zu betreiben, würde sich natürlicherweise die innere Aufräumaktion in äußeren Veränderungen widerspiegeln - und zwar gleichzeitig.

Mit Psychohygiene meine ich die bewusste Arbeit in sich selbst mit sich selbst. Mich aus der Grundillusion des ständigen Habenwollens zu befreien.

Wir können Begierden in Erleuchtung verwandeln. Die Transformation geht von innen nach außen.

Letztendlich werden wir keine großen Veränderungen im Außen bewirken, wenn wir uns im Inneren nicht um Veränderung bemühen.

Entschlossenheit

„Gedanken sind unsichtbar." Doch die innere Entschlossenheit wird in der Welt und dem Universum direkt reflektiert.

Wenn Deine innere Gedankenwelt breit gefächert, tiefgründig und reichhaltig ist, dann wird sich dies in Deinem Alltagsleben, Deiner Umgebung und Deinem Land widerspiegeln. Eine großartige Veränderung einer einzigen Person verändert auch deren Umgebung und Gesellschaft. Das ist die Philosophie der „Menschlichen Revolution".

Was den Aufbau eines neuen Zeitalters betrifft, so sollte jede/r von uns diese „eine Person" werden, erläutert Herr Ikeda in seinen „Täglichen Ermutigungen".

Mit anderen vergleichen

Immer wieder ertappe ich mich dabei, mich mit anderen zu vergleichen.

Mein Selbstwertgefühl gerät ins Schwanken, wenn andere das erreichen, was als langersehnter Wunsch in meinem Leben noch nicht in Erfüllung gegangen ist.

Anstatt mich daraufhin noch einmal in bewusster Erfüllung dankbar zu erleben, führt es erstmal zur Herabsetzung meines Selbstwertgefühls.

Sobald ich diesen Mechanismus bewusst erkenne, fallen mir sofort die Worte des Buddha ein: „Suchen Sie die Buddha Schaft niemals außerhalb Ihrer selbst. Zum Beispiel wird ein armer Mann nicht um einen Euro reicher, indem er den Reichtum seines Nachbarn zählt. Selbst wenn er Tag und Nacht nichts anderes täte."

Wenn wir uns schon vergleichen, dann sollten wir uns mit unserem Selbst von gestern vergleichen, wie wir heute sind und morgen sein wollen.

Ich gebe meine Ziele einfach nicht auf.

Sie werden erscheinen.

Überbewertung

Gefühle entstehen nur dann, wenn wir einer Person oder einer Situation nicht neutral gegenüberstehen, sondern sie für uns selbst bewerten. Sei es positiv oder negativ. Wir sind nicht mehr neutrale Beobachter.

So fürchte ich mich vor einem Ereignis in der Zukunft nur dann, wenn ich es für mich als schlecht erachten würde.

Es kann sein, dass ich bestimmten Dingen in meinem Leben bei Lichte besehen einen zu hohen Wert beimesse.

Wenn ich meine, dass ich zu meinem Lebensglück unbedingt einen Partner benötige, hat das Alleinsein für mich negative Auswirkungen auf mein Alleinsein.

Es scheint eine Katastrophe für mich zu sein, ohne Partner zu leben. Mich mit ein wenig Abstand zu fragen, ob dies wirklich alleiniges Glück sei, kann den Wert, zu zweit besser zu sein, relativieren und damit auch die emotionale Reaktion abschwächen, falls der Wunsch nicht in Erfüllung geht.

Jemand, der in der Vergangenheit schmerzhafte Erfahrungen mit Vertrauensbrüchen machen musste, wird eher zu Eifersucht und Kontrolle neigen, weil er die Gefahren der Partnerschaft fürchtet, als jemand, der bisher ohne diese Verletzung durchs Leben gehen konnte.

Wenn sich eine Angestellte ärgert, weil sie von ihrem Chef kritisiert wird, steht hinter dem Ärger der Wunsch, anerkannt zu werden. Sie möchte für ihr Engagement anerkannt und in ihrer Selbstachtung gestärkt werden.

Die eigene Aufmerksamkeit auf den positiven Wert zu lenken, der bewahrt und geschützt werden soll, kann dabei helfen, einen Abstand zu den negativen Emotionen zu bekommen.

Wenn wir uns des inneren Schmerzes und der angestauten Phantasien bewusst werden und erkennen, dass dahinter der Wunsch z. B. nach Anerkennung steht, gelingt einsichtige Selbstliebe, anstatt dem drängenden Impuls, sich ärgern zu müssen, nachzugehen, der eine Beziehung zerstören könnte.

Wichtig ist, einen gewissen Abstand zu den negativen Gefühlen zu bekommen und den positiven Wert dahinter zu erkennen.

So schreibt der Daishonin: „Werden Sie Meister Ihres Herzens und lassen Sie sich nicht von Ihrem Herzen meistern."

Schwierigkeiten

Glück bedeutet nicht, keine Schwierigkeiten oder Herausforderungen im Leben zu haben.

Stabiles, langfristiges Glück und Freude im Leben erwachsen aus der Einstellung, uns niemals von Problemen bzw. Herausforderungen besiegen zu lassen. Uns immer wieder aufzurichten, wenn wir am Boden liegen. Ja sogar über Schwierigkeiten zu triumphieren, indem wir noch stärker und stabiler werden.

Herausforderungen sind ein unvermeidbarer Teil des Lebens und ermöglichen uns, ein starkes Selbst aufzubauen.

Letztendlich wohnt Glück nur im Herzen eines Menschen mit einem starken stabilen Selbst, das selbstbewusst alles überwindet. Buddha sagt: „Schwierigkeiten werden auftreten. Dies sollte man als Frieden und Wohlbefinden betrachten. Das Schilfrohr wird durch die Brise gebeutelt und stirbt nach einem Jahr. Die Eiche steht unerschütterlich und trotzt dem Sturm die Zeiten hindurch.

Je höher ein Berg aufragt, desto kräftiger umweht ihn der Wind."

Zweifel - ein Zwischenergebnis

In dem Moment, in dem ich mich für ein Ziel entscheide, ist es bereits ursächlich erreicht.

Nur indem ich energetisch in der Erfüllung bleibe und den Endzustand dankend bejahe, muss das Leben nach dem striktem Kausalgesetz von Ursache und Wirkung dies manifestieren.

Fange ich zwischenzeitlich zu zweifeln an und glaube, nicht wert genug zu sein, habe ist das Erwünschte abbestellt.

Ich kann natürlich immer wieder neu bestellen.

Jetzt!

Angst

Eine weit verbreitete Krankheit unserer Zeit ist die Angst. Fast jeder hat vor irgendetwas Angst. Angst vor Krankheit, Angst vor Armut, Angst vor einem Krieg, Angst vor dem Verlust des Partners und letzte

Deshalb sollten wir uns jetzt entschließen, unsere Angst loszulassen durch die Erkenntnis, dass sie nicht meinem wahren Selbst entspricht. Lediglich mein Lebenszustand ist eng.

Das Erkennen gibt mir die Chance, mein Bewusstsein zu erweitern und mich zu erinnern, wer ich wirklich bin: unsterbliches, ewiges Bewusstsein.

Ich werde immer sein, bin unzerstörbar. Deshalb brauche ich mich vor nichts zu fürchten.

Weil ich selbst alles verursache, was mir widerfährt, kann ich in jedem Moment eine mir gewünschte Ursache setzen.

Wer Angst hat, seinen geliebten Partner zu verlieren, kann diese loslassen durch die Erkenntnis: Was wirklich zu mir gehört, kann ich nicht verlieren.

Aber ich kann auch nicht halten, was nicht mehr zu mir gehört.

Eine weitere höchst unangenehme Eigenschaft von Angst ist, dass wenn ich sie nicht umwandle, sie sich auf andere Lebensbereiche ausdehnt.

Sobald ich Angst wahrnehme, drehe ich diese sofort in Liebe und Dankbarkeit.

Krankheit

Wie Buddha erkannte, kann niemand den Grundleiden von Geburt, Alter, Krankheit und Tod entkommen.

Krankheit wird sichtbar als Ausdruck einer Disharmonie zwischen Körper, Seele und Geist.

Jede Krankheit spiegelt ein unbewusstes, länger bestehendes destruktives Verhaltensmuster wider. Somit hat jede Krankheit ein eigenes Gesicht.

Erst, wenn wir den Sinn einer Krankheit verstehen, d. h. die tiefliegende Ursache dahinter erkennen, werden wir Heilung herbeiführen können.

Wie das Gesetz der Kausalität bestätigt, gibt es keinen Zufall, oder Pech oder Glück gehabt, sondern nur Ursache und Wirkung.

Betrachten wir unseren Körper als sichtbares Zeichen unseres Bewusstseins, haben wir in unserem Bewusstsein Gedankenmuster niedergelassen, die Disharmonien verursachen. So spiegelt unser Körper dies wider als Krankheit und Schmerz.

Unser Körper bittet uns, endlich uns selbst zu verwirklichen und unsere Vollkommenheit unseres wahren Selbst immer vollkommener zum Ausdruck zu bringen.

Diese wirklich tiefreichende Veränderung können nur wir allein durchführen. Diese Arbeit kann uns niemand abnehmen.

Wir können unserem Körper wirklich dankbar sein, dass er uns zeigt, was nicht stimmig, nicht in Ordnung ist.

Ohne Leid und Schmerz werden wir uns mancher Missstände tief in unserem Inneren nicht bewusst.

Deshalb ermutigt Buddha uns, dass Krankheit erscheint, wenn tiefes Karma sich auflöst.

Loslassen was nicht mehr zu mir gehört, heilt meinen Körper ganz wie von selbst.

Loslassen

Zwei junge Mönche kamen an ein Gewässer.

Dort stand eine schwangere junge Frau und bat den einen Mönch, sie über das Wasser zu tragen.

Obwohl er das Keuschheitsgelübde abgelegt hatte, trug er die Frau hinüber. Die Frau am anderen Ufer absetzend, gingen die beiden schweigend ihres Weges.

Plötzlich brach der andere Mönch das Schweigen:

„Deine Tat war nicht richtig aufgrund des Gelübdes."

Darauf antwortete der Mönch.

„Du trägst sie immer noch."

Neid

Keine Welle ist schöner oder besser als eine andere. Eine Welle ist eine Welle. Nur wir Menschen neigen dazu, uns mit anderen zu vergleichen.

Ständig manipulieren uns die Medien mit sogenannten perfekten Wellen. Entweder wir setzen uns im Vergleich zu unserem Gegenüber herauf oder herab, schaffen Trennung und Leid durch Arroganz oder Minderwertigkeit.

Deshalb sagt der Daishonin, dass der Buddha, das universelle Gesetz des Lotos und alle Menschen nicht getrennt voneinander und gleich wert sind. Mit dieser Einstellung und Sichtweise überwinden wir alle Unterschiede,

Jeder Einzelne von uns hat eine einzigartige Aufgabe. Ich, Welle, erwache zu meiner wahren Identität als Ozean.

Einheit

Ich werde mir bewusst, dass ich eine Welle auf dem Ozean bin, mit allen anderen Wellen verbunden.

Wir haben die gleiche Wurzel, den Ozean.

Der Ozean ist unsere wahre Identität.

Wir zeigen uns individualisiert als Welle, sind dennoch alle miteinander vereint in der tiefen Weite der friedlichen Tiefen des Seins.

Warten

Viele Menschen warten ihr Leben lang, anstatt jetzt und hier da zu sein, zu leben. Täglich warten sie auf ihren Feierabend, in der Schlange an der Kasse und warten auf das ersehnte Wochenende.

Dann können sie endlich leben und glücklich sein. Im Großen warten wir auf den Jahresurlaub, auf das Erwachsenwerden der Kinder, auf die Rente. Dann können wir endlich machen, was wir wollen.

So sind wir nie im Hier und Jetzt, sondern in Gedanken immer da, wo wir gerade nicht sind. So verpassen wir unser ganzes Leben.

Am Ende fragen wir uns: „Wann kann ich endlich glücklich sein und das tun, was mir wirklich Freude macht?"

Liebe und Partnerschaft

Wir begegnen in der Liebe immer genau dem Partner, der uns entspricht. Nur einen solchen Partner können wir nach dem Gesetz der Resonanz anziehen. Oft suchen wir nur deshalb die Liebe in einer Partnerbeziehung, weil wir unfähig sind, uns selbst zu lieben.

Bewusst oder unbewusst hat jeder ein Idealbild von sich und akzeptiert daher sein Anderssein nicht. Da das Äußere nur ein Spiegelbild von unserem Inneren ist, lehnen wir auch unser Äußeres ab.

Das Ablehnen des Soseins entspricht unserem Gefühl, dass wir anders gemeint sind. Wir erahnen unser vollkommenes, wahres Selbst in der Tiefe des Seins und sehnen uns danach.

Wir entschließen uns, uns zunächst so zu lieben, wie wir jetzt gerade sind mit dem verständnisvollen, bewussten Annehmen unserer Unzulänglichkeiten. Ja, so wie ich bin, bin ich genau richtig.

Nur wenn wir uns wirklich vorbehaltlos annehmen, so wie wir sind, können wir auch allein glücklich und zufrieden sein.

Dann trifft uns die Kritik der anderen auch nicht mehr. Und wir sind aus der Abhängigkeit von anderen befreit.

Solange ich einen anderen brauche, bin ich nicht frei. Je weiter ich mein Bewusstsein für meine Vollkommenheit und mein ewiges Selbst öffne, desto weniger fühle ich mich einsam und bin in der Lage, eine freie Partnerschaft einzugehen.

Dann begegne ich einem Partner, der wie ich frei ist und allein sein kann. Ich bin nicht mit ihm zusammen, weil ich ihn brauche, sondern weil ich ihn liebe. Ich liebe diesen Menschen, so wie er ist und nicht wie er meiner Meinung nach sein sollte.

Wir interessieren uns nicht nur für die Liebe, die wir bekommen, sondern erfüllen uns selbst in Liebe. Liebe ist eine sehr starke Kraft, die alles heilen kann. Sie ist das Einzige, was mehr wird, selbst wenn wir sie verschwenden.

Das Leben der Anderen

Ich versuche, beim Chanten von „Nam Myoho Renge Kyo" mich in jeden Moment auf meine Ziele und Entschlüsse zu konzentrieren.

Doch plötzlich befinde ich mich mit meinen Gedanken im Leben der Anderen. Ich versetze mich in deren Situation und mache mir Gedanken, spekuliere, wie es ihnen gehen könnte.

Ich schweife dann so ins Detail ab, dass ich mein eigenes Selbst gar nicht mehr wahrnehme.

Da meine Gefühle und Gedanken nur eine Interpretation meinerseits sind und nicht der Realität entsprechen müssen, schaffe ich damit keinen Wert.

Es ist nur Kopf Kino.

Es erinnert mich an die Zeitschriften meiner Kindheit, in welchen sich meine Eltern ständig mit dem Leben berühmter, wichtiger Menschen beschäftigt haben, die anscheinend ein interessanteres Leben führten als sie.

Buddha Nichiren sagt: „Es ist sinnlos, den Reichtum des Nachbarn zu zählen. Auch wenn man Tag und Nacht nichts anderes täte, wird das eigene Leben dadurch nicht einen Cent reicher."

Dies erkennend, kehre ich zu meinem Selbst zurück.

Segnen

Es ist mitfühlend, bei anderen Menschen mit liebevollen Gedanken zu
sein und ihr Leben zu segnen.

Sich dennoch ständig Gedanken, vor
allem Sorgen um andere zu machen,
zu spekulieren und interpretieren, ist
wieder nur meine Interpretation ihrer
Situation und entspricht nicht unbedingt der Realität.

So bete und handle ich lieber ganz frei
für mein und Dein Glück.

Defizite

Von Beginn unserer Geburt an werden wir beurteilt. Unsere Fähigkeiten gelten als normal, wenn sie der Erwartungshaltung der Umgebung entsprechen und sind nicht weiter erwähnenswert.

Unsere Defizite müssen schnellstmöglich behoben werden. Spätestens im Kindergartenalter werden wir dazu noch mit den anderen Kindern verglichen. Schließlich in der Schule werden wir durch unsere Defizite negativ benotet.

Selbst im Gesundheitssystem gehen wir nicht zum Arzt, um präventiv gesund zu bleiben, sondern wenn bereits Defizite vorliegen.

Dann wundern wir uns, dass wir uns nicht so lieben können, wie wir sind. Wir wurden unser Leben lang eher aufgrund unserer Schwächen und nicht aufgrund unserer Stärken beurteilt und wahrgenommen.

Wenn wir uns dazu noch mit den Augen der Medien sehen, landet unser Selbstwertgefühl im Keller. Es ist ein Teufelskreis.

Energie fließt immer dorthin, worauf ich meine Aufmerksamkeit richte. Da ich sie auf Defizite richte, werden diese mehr und immer stärker. Bis ich eines Tages krank bin. Das Leid meiner Krankheit führt mich wieder zu der Erkenntnis, wer ich wirklich ursprünglich bin.

Mein wahres Selbst kann mich vollkommen heilen. Ich kann frei über mein Wohlbefinden entscheiden.

Mein Körper ist nur zwischenzeitlich in ein Ungleichgewicht geraten. Ich kann mein volles Potential aus mir heraus öffnen und bringe all meine verborgenen Kräfte und Fähigkeiten hervor, um mich jetzt zu gesunden.

Ich verwandle Gift in Medizin und nutze alle sogenannten Defizite als Sprungbrett.

Stärken

Auch hier wäre eine ganzheitliche Denkweise heilsam.

Gesünder wäre, wenn gleichberechtigt unsere Defizite wie unsere Stärken nebeneinander existieren dürften.

Fließt jedoch die Konzentration und Aufmerksamkeit ausschließlich auf unsere zu entwickelnden Stärken und würden diese gefördert werden, könnten Defizite neutralisiert und dadurch unbedeutender werden, bis sie schließlich verschwinden.

Tabu Leben

Viele Menschen leben ein Leben, das ihnen gar nicht entspricht. Sie sind in der Tiefe ihres Seins eigentlich nicht glücklich, trauen sich aber nicht, einmal genau hinzuschauen, was in ihnen so brodelt, weil sie sich davor fürchten, was sie dann über sich entdecken könnten.

Besonders in ländlichen Bereichen herrschen ganz klare Vorstellungen, wie man zu leben und sich in der Rolle des Ehepartners, Sohnes, der Schwiegertochter usw. zu verhalten hat. Entspricht man diesen Erwartungen nicht, muss man mit Ablehnung, sogar Ausgrenzung, besonders aus den eigenen Reihen rechnen. So unterdrücken wir z. B. unsere sexuellen Neigungen oder nicht akzeptierten Verhaltensweisen und leben sie im Dunklen, im Geheimen, wenn überhaupt, aus. Einige fliehen in die Anonymität einer Großstadt. Wenn wir nicht den Mut entwickeln, aus unseren zugedachten Rollen auszubrechen, verdrängen wir unsere Neigungen und Gefühle.

Sie sind dadurch nicht verschwunden, sondern äußern sich dann in Formen, die weitaus drastischer sind als die eigentliche Neigung. Es ist wie mit Wasser. Wasser findet immer seinen Weg.

Entwickeln wir den Mut, ehrlich zu unseren Wünschen, Bedürfnissen und Neigungen zu stehen, vor allem erst einmal vor uns selbst. Wir sind alle „nur" Menschen und nicht perfekt.

Viele tun so, als ob sie das wären. Wir engen uns alle damit nur gegenseitig ein. Dabei sind wir als Menschen geboren und haben die Freiheit, ein selbstbestimmtes Leben zu erleben.

Alles ist okay, solange alle Beteiligten freiwillig einverstanden sind, was geschieht und es nicht gegen gesetzliche Vorschriften verstößt, die dem Wandel der Zeit unterliegen.

All unsere Gedanken, Worte und Handlungen unterliegen dem kosmischen Gesetz von Ursache und Wirkung, nicht den Moralvorstellungen der Menschen.

4 universelle Ursachen des Leidens

Unsere Probleme an sich sind nicht die eigentliche Ursache von Kummer und Leid. Nach buddhistischer Auffassung liegt die wahre Ursache darin, dass es uns oft an der inneren Kraft und Weisheit mangelt, sie zu lösen.

Dabei trägt jeder Mensch eine unerschöpfliche Quelle der Kraft und Weisheit in sich, das Potential der Buddha Schaft, als ungeschliffenen Diamanten im eigenen Herzen.

Machen wir uns also zuerst einmal bewusst, dass das Leben schlussendlich leidvoll ist.

Der Buddhismus beschreibt 4 universale Ursachen des Leidens: **Geburt, Alter, Krankheit und Tod.** Wir sehen, dass der Alterungsprozess unweigerlich seinen Lauf nimmt. Trotz aller Bemühungen um den Erhalt der guten Gesundheit sind wir nicht vor Krankheit gefeit. Und selbst wenn uns noch so sehr der Gedanke vor dem Tod graut, kann jeder Augenblick der letzte sein.

Letzten Endes ist das Leben, die Geburt selbst, die Ursache allen Leids in dieser Welt, dem wir ausgesetzt sind.

Durch unsere buddhistische Ausübung verwandeln wir natürlicherweise die 4 Grundleiden in die 4 Tugenden: wahres Selbst, Glück, Ewigkeit und Reinheit.

4 Tugenden

Mit dem Erscheinen unserer Buddha Natur manifestieren sich auch die 4 Merkmale der Buddha Schaft oder auch die „4 Tugenden": **Ewigkeit, Glück, wahres Selbst und Reinheit**.

Die Tugend der **Ewigkeit** ist die grenzenlose Freiheit eines Menschen, der zur Ewigkeit des Lebens erwacht ist.

Mit **„Glück"** ist die innere Freude und Erfüllung gemeint, die nicht durch äußere Einflüsse zerstört werden kann.

„Wahres Selbst" bezieht sich auf die Entwicklung einer echten Eigenständigkeit, die absolut und unzerstörbar ist.

„Reinheit" bedeutet ein Leben, das frei ist von Selbsttäuschung und Leiden.

Wenn wir diese Merkmale öffnen, wird unser Dasein freudvoll, glücklich, rein und sicher sein, trotz der Schwierigkeiten, denen wir vielleicht gegenüberstehen.

Die Reise durch die stürmischen Gewässer von Leben und Tod führt uns
un-

weigerlich zu unserem höchsten Ziel:
die Enthüllung unseres wahren Selbst.

Die Enthüllung der Buddha Schaft in
allen Lebewesen.

Identität

Wie möchte ich leben und wer möchte ich sein? Das ist eine Frage der Entscheidung, die ich in jedem Augenblick neu stellen kann.

Wenn ich in einen Spiegel schaue, sehe ich mich. Identifiziere ich mich jetzt mit meinem Körper und sage: Ich bin mein Körper? Mit meinem Gefühl? Oder bin ich, was ich jetzt denke, der Verstand? In der deutschen Sprache wird das sehr deutlich.

Wir sagen: Ich habe einen Körper. Ich habe ein Gefühl. Ich habe einen Verstand.

Ich bin. Wer also bin ich?

Je öfter ich mich frage, wer ich bin, desto mehr vertiefe ich Buddhas Erleuchtung zum ewigen, wahren unzerstörbaren Sein.

Entschließe ich mich für mein Ego, werde ich an den Grundleiden des Lebens von Geburt, Alter, Krankheit und Tod gefesselt bleiben. Wie Buddha lehrte, ist alles im Leben vergänglich.

Auch ich kann diesen Grundleiden nicht entkommen. Oder ich befreie mich aus dem Kreislauf von Geburt und Tod und trete in die Freude des Nirwana ein.

Dann erlebe ich die Wiedervereinigung mit meinem Selbst und erkenne: Ich bin nicht mein Körper, sondern der Körper ist in mir.

Ich erhebe mich über mich selbst und erfahre diese universelle Einheit.

Das Bewusstsein wird sich seiner selbst bewusst.

Jetzt ist die Zeit reif, dies zu erkennen, indem ich mich immer wieder frage: Wer bin ich? Und wer will ich sein?

3.000 Möglichkeiten in einem Augenblick

Ich versuche jeden Moment, mich mit meinem ganzen Sein zu erfüllen, in der Gewissheit der Wahrheit, dass dieser Moment nie wiederkommen wird.

Ich nehme ganz bewusst meine Atmung wahr und versuche, mit meinem Bewusstsein über meine Aura hinaus mein Sein mit dem Universum zu verbinden.

Ich spüre die Einheit mit dem Kosmos und übernehme Verantwortung für einen immer größeren Teil des Ganzen.

Dabei erkenne ich die ursprüngliche Vollkommenheit allen Seins. Jetzt!

Der Buddhismus beschreibt das Konzept der 3.000 Bereiche in einem Augenblick. In jedem Moment durchdringt und umfasst mein Bewusstsein das ganze Universum.

Bin ich mir dessen bewusst, was ich jetzt denke und fühle? Was ich aus-

sende, fällt als Wirkung auf mich zurück.

Gohonson

Nichiren Daishonin hat seine Erleuchtung in Form einer Schriftrolle für alle Nachkommen hinterlassen. In der Mitte steht „Nam Myoho Renge Kyo Nichiren"; die Einheit von Person und dem universellem Gesetz.

Der Gohonson ist das Objekt der Verehrung zur Betrachtung des eigenen Herzens, um darin die ursprüngliche Buddha Schaft zu erkennen. Er ist der Spiegel unserer innewohnenden Buddha Natur, die durch mein Rezitieren von „Nam Myoho Renge Kyo" poliert wird.

Das Chanten vor dem Gohonson ist das Tor zum Weg nach innen.

Der Schlüssel ist „Nam Myoho Renge Kyo". Er ist der Rhythmus des Universums. Das Land des ruhigen Lichtes.

Ich kehre nach Hause zurück. Ein Reich von großer Freiheit, von tiefem innerem Frieden, von wahrem Glück und gelassener Ruhe.

Es ist eine reine Wasserquelle für die Durstigen.

Es ist ein Reich der Versöhnung.

Eine Rückkehr zu unserem wahren freien Sein. Ein Reich des Eins Seins mit mir und allem Leben, dem Kosmos, dem Ganzen.

Es ist die Quelle der Kraft, in jedem Moment unendliche Möglichkeiten für die Zukunft öffnen zu können: 3.000 verschiedene Möglichkeiten in jedem Augenblick. Und jeden Augenblick neu zu beginnen.

Es ist ein Lichtschalter in der Dunkelheit.

Ein Schirm, der mir Schutz spendet bei Regen und starkem Sonnenlicht.

Ein Kompass, meinen inneren Schatz zu entdecken.

Es ist ein ewiges Ankommen.

Die Rückkehr der Welle in den Ozean und sich als Ozean zu erkennen. Ein Schiff, um die See der Leiden immer gelassener zu überqueren.

Ein Reich, jede scheinbare Negativität anzunehmen, zu umarmen und in Erleuchtung zu verwandeln.

Die Leiden von Geburt und Tod ins Nirwana zu transformieren.

Zu erkennen: Ich bin eins mit allem und alles ist in mir.

Der Gohonson ermöglicht uns, unsere einzigartige Aufgabe in dieser Welt zu erkennen und große Freude zu empfinden, am Leben zu sein.

Präsident Ikeda beschrieb den Gohonson als Reich der vollständigen selbstsicheren inneren Ruhe. Ein völlig angstfreies Reich, das so weit und gelassen ist wie der klare blaue Himmel, einfach frei, man selbst zu sein.

Schwingung

Alles im Universum schwingt. Jeder kann nur das anziehen, was seiner derzeitigen Schwingung entspricht. Angst zum Beispiel zieht das an, was wir befürchten. Jede Schwingung überträgt die in ihr wirkende Energie auf jeden gleich schwingenden Körper.

Jeder Mensch ist in der Lage, neutrale kosmische Energie aufzunehmen, sie mit beliebigen Gedanken und Gefühlen zu prägen und damit wieder auszustrahlen. Die bewusst oder unbewusst ausgestrahlte Energie zieht entsprechende Ereignisse an und bringt sie als Lebensumstände oder Erlebnisse in unseren Erfahrungsbereich. Durch Chanten des Mantras „Nam Myoho Renge Kyo" schwingen wir uns auf die allen Lebewesen innewohnende Buddha Natur ein und lassen sie innen und außen wirken.

Durch dieses Einschwingen auf kosmische hohe Schwingungen können wir in uns Bereiche aktivieren, die bisher zwar latent vorhanden waren, dennoch nicht gelebt worden sind und somit nicht wirksam waren.

Nehmen wir zum Beispiel das Radio. Je nachdem, welchen Sender ich einstelle, bekomme ich unterschiedliche Informationen und Programmschwerpunkte. Unterhalte ich mich nun mit einer Person, die auch Radio zur gleichen Zeit gehört hat, aber einen anderen Sender, wird sie evtl. ganz andere Informationen erhalten haben und aus diesen eine ganz andere Wahrnehmung der Realität ableiten und dementsprechend handeln.

Je mehr Lebenskraft ich entwickle, desto höher ist mein Resonanzkörper. Je nach unserer Lebenskraft können wir nur die Schwingungen anziehen, die unserem Resonanzkörper entsprechen, d. h. unserem Bewusstsein.

Was immer wir in unserem Bewusstsein lange genug festhalten, worauf wir unsere Aufmerksamkeit richten, ist gezwungen, nach dem Gesetz der Resonanz, in der Außenwelt in Erscheinung zu treten.

MYO

Das Schriftzeichen „Myo" von „Nam Myoho Renge Kyo" hat die unermessliche grenzenlose Kraft, alles das zu heilen, was als unheilbar gilt.

„Myo" hat drei Bedeutungen: **Öffnen, vollkommen ausgestattet und wiederbeleben**.

„Öffnen" heißt, offen sein, um die Dunkelheit der Selbsttäuschung zu durchbrechen und die eigene Buddha Natur zum Vorschein zu bringen. Das Leben derer, die zu ihrer Buddha Natur erwachen, öffnet sich, um sich mit dem Universum zu verbinden.

„Vollkommen ausgestattet" bedeutet, dass die Buddha Natur alle Phänomene umfasst und allen Dingen innewohnt. Gleichzeitig birgt sie alle Wahrheiten und Wohltaten in sich.

„Wiederbeleben" heißt, dass ein Leben voller Leid zu einem Leben voller Gelassenheit und Freude wiederbelebt wird. Durch unseren Glauben an die Buddha Natur werden alle unsere Fähigkeiten, Charaktereigenschaften und Persönlichkeitsmerkmale gleichermaßen zum Leben erweckt und auf eine Weise zum Ausdruck gebracht, die unser eigenes Wachstum fördert und dem Wohle aller dient.

Gift in Medizin verwandeln

Das Schriftzeichen MYO des Lotos-Sutra tilgt nicht nur alle Vergehen, sie werden sogar zur Quelle von Wohltaten.

MYO kann Gift in Medizin verwandeln. Durch diese Kraft können wir die 3 Pfade der irdischen Begierden, des Karma und des Leidens in die 3 Tugenden des Buddhas verwandeln. Dies bedeutet die Verwirklichung der Buddha Schaft in der jetzigen Gestalt.

Angenommen, eine Person wird von dem Partner verlassen. Durch das Rezitieren von „Nam Myoho Renge Kyo" kann diese Person nicht nur den Schmerz des Verlustes schneller überwinden, sondern lernt dadurch einen viel passenderen Partner für sich kennen oder/und entwickelt durch diesen Leidensprozess andere verborgene, großartige Fähigkeiten.

Der vermeintliche Verlust wird für sie zu einem Gewinn. Sie ersetzt nicht nur den Partner, sondern wird aus sich selbst heraus glücklich. Dann hat diese Person Gift in Medizin verwandelt.

Durch den ursprünglichen Verlust hat sie einen viel größeren Wert erschaffen.

Deshalb wird das Schriftzeichen MYO auch als mystisch bezeichnet.

9 Bewusstseinsebenen

Nach buddhistischer Auffassung sind verzerrte Wahrnehmungen, falsche Anschauungen oder getrübte Bewusstseinszustände die eigentliche Ursache des Leidens.

Erleuchtung bedeutet, Illusionen und Selbsttäuschungen loszulassen. Die Wirklichkeit so zu sehen, wie sie wirklich ist.

Es ist ein Weg, der vom Leiden befreit. Das Konzept der 9 Bewusstseinsebenen zeigt einen Weg auf, um Selbsttäuschung in Weisheit und damit Befreiung zu verwandeln.

Hier hat das Wort „Bewusstsein" die Bedeutung von Fähigkeit oder Kraft, die immer wirksam ist; ungeachtet, ob wir uns dessen bewusst sind oder nicht.

Bewusstsein ist auf mehreren Ebenen wirksam. Die ersten 5 Bewusstseinsebenen entsprechen dem herkömmlichen Konzept der 5 Sinne: Gesichtssinn, Gehörsinn, Geruchssinn, Geschmackssinn und Tastsinn. Sie werden durch die Wechselbeziehung zwischen den 5 Sinnesorganen - Augen, Ohren, Nase, Zunge und Haut - und der Umgebung des Menschen aktiviert.

Die 6. Bewusstseinsebene setzt die Wahrnehmung der 5 Sinne zu einem zusammenhängenden mentalen Bild zusammen und fällt auf dieser Grundlage ein Urteil über die Außenwelt. Diese ersten 6 Ebenen sind Reaktionen auf die alltägliche Außenwelt.

Die Funktion, die uns zum Glauben an die Existenz eines scheinbar permanenten Selbst verleitet, wird als 7. Bewusstseinsschicht bezeichnet. Sie täuscht ein Identitätsgefühl vor, das fest, unverändert und stetig ist. Sie entspricht in etwa dem westlichen Konzept des Egos.

In Wirklichkeit befindet sich dieses Selbst im stetigen Fluss, wandelt sich von einem Augenblick zum anderen, genau wie unser Körper und alle anderen Phänomene. Diese Schicht hilft uns, uns einerseits von anderen Menschen abzugrenzen und andererseits,

Bindungen zu anderen Menschen einzugehen.

Diese Bewusstseinsschicht kann uns zur
Überzeugung veranlassen, das Ego sei
unser wahres Selbst, unser Wesenskern,
was ein Trugschluss ist. Dies führt zur
Selbstüberschätzung und Selbstsucht
einerseits und zur Selbstverachtung
und mangelndem Selbstwertgefühl
andererseits.

Alle Erfahrungen aus unserem gegen-
wärtigen und aus vergangenen Leben
sammeln sich auf der 8. Bewusstseinsebene, die dem Zyklus von Geburt und
Tod unterworfen ist.

Diese Ebene empfängt die Ergebnisse
von Gedanken, Worten und Taten und
speichert sie als karmisches Potential,
wie ein karmischer Speicher. Diese
Ebene beeinflusst unsere ersten 7 Bewusstseinsebenen.

Buddha Schaft

Die 9. Bewusstseinsebene entspricht der Buddha Schaft. Dieses Bewusstsein bleibt unberührt von dem karmischen Ballast, den wir Leben für Leben mit uns schleppen.

Dies ist die letztendliche Wirklichkeit aller Dinge und gleichbedeutend mit der universalen Buddha Natur, weil sie uns ermöglicht, auf der tiefsten Ebene unser Karma hier und jetzt zu verändern.

Sie ist starke Lebenskraft, eine Energie, die als Triebfeder für die Verbesserung all unserer Lebensbereiche dient. Unsere Buddha Natur ist das große universelle Selbst, das nach dem Glück aller Lebewesen strebt.

Der Daishonin verlieh der grundlegenden Wirklichkeit des Lebens in „Nam Myoho Renge Kyo" in Form des Gohonson Ausdruck.

Damit eröffnet er allen Menschen die Möglichkeit, ihr wahres Selbst zum Vorschein zu bringen: „Der Körper ist es der Palast des neunten Bewusstseins, der unabänderlichen Wahrheit, die alle Lebensfunktionen regiert."

Das Rezitieren von Nam Myoho Renge Kyo ist der Weg, um diese uns innewohnende Fähigkeit in unserem Leben zu aktivieren, statt uns auf das Eingreifen einer äußeren Macht zu verlassen.

Deshalb sagt der Daishonin: „Suchen Sie den Gohonson niemals außerhalb Ihrer selbst. Er existiert nur in Ihnen."

Die Buddhaschaft sprudelt wie eine unerschöpfliche Quelle hervor und reinigt unser Leben von innen nach außen.

Dieser erhabene Zustand ermöglicht uns, Glück und Freude zu erfahren, ungeachtet der jeweiligen Umstände.

Buddha

Unsere in allem Leben innewohnende Buddha Schaft zu öffnen und unser wahres Selbst zu entdecken, ist vergleichbar mit einem Sandkorn, das sich wieder mit der Erde verbindet. Der Welle, die sich wieder mit dem Ozean vereint.

Wir sind niemals getrennt von dem Ganzen, da jede Welle verbunden und eins ist mit allen anderen Wellen und eins ist mit dem Meer.

Unser gemeinsames Sein ist der tiefe unendliche Ozean. Sobald sich die Welle wieder mit dem Meer vereint, erscheint eine neue Welle.

Die Rückkehr der Welle in den Ozean symbolisiert den Tod.

Die neue Welle steht für das neue Leben.

Diese Unendlichkeit des Lebens kehrt immer wieder in das große Ganze zurück, um dann erneut erfrischt einzigartig hervorzukommen

Meine Freundin ist krank. Dieses Mitglied leidet unter Schwierigkeiten. Ich werde mein Bestes tun, um sie zu ermutigen. So zu fühlen und zu denken, zu beten und für das Glück anderer zu handeln ist bereits das Verhalten eines Buddhas.

Wenn ich mich dafür einsetze, Anderen Freude zu bringen, auch wenn ich noch leide, dann bin ich ein Bodhisattva.

Anderen zu helfen ist sehr heilsam für mein Leben. Da meine Umgebung mein Spiegel ist und damit Anteile von mir widerspiegelt, kann ich mich frühzeitig von Umständen befreien, in denen ich mich jetzt noch nicht befinde.

Nach dem Prinzip von Ursache und Wirkung ist nichts in meinem Leben ein Zufall. Alles in meinem Leben hat eine tiefe Bedeutung. Nichts ist vergebens.

Ähnliche Umstände wären irgendwann in meinem Leben erschienen.

Im Buddhismus lautet das Prinzip: „Ich bin Du und Du bist ich."

Taten für andere, für die Gesellschaft und für Weltfrieden öffnen schließlich Nutzen und Wohltaten in unserem eigenen Leben. Erinnere Dich einmal an das Gefühl einer herzlichen Begegnung mit einem Menschen, den Du irgendwie ermutigen konntest.

Man fühlt sich sehr erfrischt, gestärkt und erfährt große Freude, als hätte man sich selbst bereichert.

Selbst wenn es mir vorher eigentlich gar nicht so gut ging, fühle ich mich gleich durch meine Tat besser.

Probiere es aus. Ein einziges Lächeln oder eine winzige Aufmerksamkeit kann bereits das Leben eines Menschen und das eigene bereichern und würdevoll erheben.

Dankbarkeit

Ein edler Charakter ist dankbar für das, was ist und hält nichts für selbstverständlich.

Es ist schön, dankbar zu sein, dass wir glücklich sind und unsere Wünsche erfüllt haben. Dankbar zu sein macht in sich bereits glücklich.

Wenn wir als Menschen nicht danke sagen können, kommt unser Wachstum zum Stillstand. Warum nicht einfach mal danke sagen für die Umstände, in denen ich mich befinde. Und danke, weil ich sie ja jederzeit ändern kann.

Dankbarkeit beinhaltet Respekt und ist Ausdruck eines positiven, fröhlichen Optimismus.

Ein Mensch, der aufrichtig danke sagen kann, hat eine gesunde, lebendige Einstellung.

Jedes Mal, wenn wir unsere Dankbarkeit zeigen, erstrahlt unser Herz. Lebensglück und Kraft strömt aus unserem Leben hervor.

Danke, dass Du das Buch gekauft hast. Danke, dass Du es liest.

Danke, dass Du dadurch eine tiefere Verbindung zu Deinem Selbst aufbaust.

Anderseits löst Dankbarkeit bei einigen Menschen auch Schuldgefühle aus. Irgendwie sind diese beiden starken Emotionen miteinander verknüpft.

Auch hier ist wieder wichtig, sich dessen bewusst zu sein, es anzunehmen und umzuwandeln.

Dankbarkeit hat in sich eine sehr starke positive Kraft und führt zur Wunscherfüllung.

GONGYO

Möglichst morgens und abends rezitieren wir das 2. und das 16. Kapitel des Lotos-Sutra und chanten „Nam Myoho Renge Kyo".

Es wird „Gongyo" genannt und bedeutet „fleißige Ausübung".

Präsident Ikeda erläutert: „Unsere Ausübung Gongyo und das Rezitieren von ‚Nam Myoho Renge Kyo' ist eine erhabene Zeremonie, in der wir den Mikrokosmos unseres Lebens mit dem grundlegenden Rhythmus des Universums harmonisieren.

Unsere Stimme erreicht alle Buddhas, Bodhisattvas und himmlischen Gottheiten, die Schutzfunktionen des Universums.

Wenn wir sie auch nicht sehen können, so sind sie um uns herum versammelt, um alles Unglück von uns abzuwenden.

Wir sind in ihrer Mitte. Wie großartig ist doch die Kraft von Gongyo. Alle

Schutzfunktionen des gesamten Universums werden zu unseren Verbündeten.

Aus diesem Grund haben wir die Fähigkeit und Aufgabe, alle Lebewesen zum Glück zu führen."

Glaube und Gebet

Glaube ermöglicht die Erfüllung aller Gebete, weil es bereits auf energetischer Ebene durch die Gleichzeitigkeit von Ursache und Wirkung Realität ist.

Auf materieller Ebene erscheint das Erwünschte, wenn ich mich gläubig bejahend in das Gefühl und Bild des Endzustandes hineinbegebe.

Jede bildhafte Vorstellung, die uns erfüllt, hat das Bestreben, sich zu verwirklichen.

Das gewünschte Ereignis sollte bildhaft detailliert ausgearbeitet, in natürlichen Farben und natürlicher Umgebung vorgestellt werden.

Bedankend erlebe ich mich bildhaft in unterschiedlichen erwünschten Situationen, wie in einem Film mit möglichst präzisen Szenen.

Wenn ich diese einige Minuten festhalte und glaube, dass ich es wert bin, hat es sich bereits auf der geistigen Ebene verwirklicht.

Glaube ist also die stärkste Kraft. Und jeder, der glaubt, hat Recht, weil genau das geschieht, was er glaubt.

Somit bekommen wir nicht, was wir - unbedingt- haben wollen, sondern das, was wir glauben, wert zu sein.

Ebenso sind wir nicht das, was wir sein wollen, sondern das, was wir glauben zu sein.

Die Einheit
von Meister und Schüler

Das Lotos-Sutra lehrt von Anfang bis Ende die Einheit von Meister und Schüler und ihre gemeinsame Verantwortung.

Die Geschichte des Buddhismus zeigt, dass die Vergöttlichung Shakyamunis begann, als seine Schüler sich nicht länger mit dem gleichen Engagement wie er einsetzten.

In dem Moment, in dem Shakyamuni zu einem überirdischen, übermenschlichen Wesen gemacht wurde, konnte die Beziehung zwischen Meister und Schüler nicht mehr funktionieren.

Wenn also die Schüler der Geisteshaltung und dem Verhalten des Buddhas nicht mehr nacheifern, wird der Buddha zu einem bloßen Verehrungsobjekt und kann kein Vorbild mehr für die menschliche Revolution anderer sein.

Der Meister ermöglicht, mir einen Überblick zu verschaffen, wie ein Kompass. Präsident Ikeda sagt von seinem Meister Präsident Toda: „Wenn man an den Scheidepunkten des Lebens mit der gleichen Einstellung wie der eigene Mentor handelt, betritt man mit Sicherheit die Straße zum Erfolg."

In vielen Handwerksberufen gibt es Meister und Lehrling.

Im Spirituellen ist es eine auf gleicher Ebene, an der gleichen Erleuchtung und der gleichen Verantwortung teilhabende Beziehung.

Wir können im Leben eine größere, tiefere Dimension öffnen. So sagt der Daishonin: „Dies ist, als würde eine Fliege sich an den Schweif eines Pferdes hängen und dadurch viel mehr Meilen zurücklegen können als durch den eigenen Flug."

Ich versuche, mich immer wieder mit dem Herzen meines Meisters zu verbinden und empfinde auf einer ganz tiefen Ebene einen spirituellen Dialog und Austausch. Buddha verbindet sich immer mit allen Menschen. Wenn ich bereit bin, beginnt ein reger spiritueller Austausch von Herz zu Herz.

Meister

Ich danke Präsident Ikeda von ganzem Herzen. Ohne ihn wäre ich nie diesem Glauben begegnet.

Diese Beziehung geht, wie viele andere tiefe Beziehungen, über Leben und Tod hinaus. Danke Sensei.

Mein Meister trägt die Hälfte meines Leidens und hat nur den einen Wunsch, dass ich glücklich bin:

„Komm mit mir. Gehe mit mir den Weg des Friedens. Dann wirst Du Dein Leben niemals bereuen, sondern ein Leben führen, in dem Du auf allen Ebenen Zufriedenheit erfährst." sagt Präsident Ikeda zu einem Mitglied.

Alles ist gut

Alles ist gut, so wie es ist. Das Leben meint es immer gut mit mir.

Ich liebe das Leben und das Leben liebt mich.

Egal in welchen Umständen ich mich auch immer befinde, entscheide ich durch meine dem Leben vertrauende Sichtweise, ob ich in dieser Situation einen tieferen Wert und Sinn erkennen kann.

Das Leben möchte, dass ich wachse, mich befreie und immer stärker werde.

Oftmals kann ich erst im Nachhinein erkennen, dass manch schmerzhafte Situation doch einen tieferen Sinn hatte und jetzt einen großen Wert für mein Leben darstellt.

In einem von Chaplins großen Filmen „Limelight" gibt es eine berühmte Szene, in der er als alternder Darsteller eine junge Ballerina ermutigt:

„Denke an die Kraft, die im Universum steckt; die Kraft, die die Erde bewegt und die Bäume wachsen lässt.

Dieselbe Kraft wohnt auch in dir, wenn du nur den Mut und den Willen hast, sie zu nutzen."

Sowohl als auch

Wenn wir einerseits erkennen, dass alles gut ist, so wie es jetzt gerade ist und es annehmen, können wir gleichzeitig diese Situation mental gemäß unseren Wünschen visualisierend in Dankbarkeit, Leichtigkeit und mit Freude umgestalten.

Dies scheint ein Widerspruch zu sein, es einerseits so anzunehmen und gleichzeitig zu verändern.

In der östlichen Kultur sind beide Denkweisen nebeneinander wahr und richtig, trotz scheinbaren Widerspruchs.

Die Wirklichkeit ist nicht entweder - oder, sondern sowohl - als auch.

Innere Mitte

Unsere ganze Umgebung ist unser Spiegelbild. Wenn ich mein Selbst liebe, lieben mich auch die anderen.

Wenn ich mein Selbst ablehne, lehnen mich auch die anderen ab. Die entscheidende Frage ist also: Inwieweit bin ich mir meines Selbst bewusst und wie sehr liebe ich mich?

Wenn ich mich selbst liebe, ist das, was ich tue, in Liebe und mit Liebe. Liebe macht erfolgreich.

Die anderen Menschen spüren diese Liebe. Es ist eine besondere Energie, die erfolgreich macht.

Um mir meiner selbst bewusst zu sein, ist es entscheidend, meine Mitte zu finden, und so lange wie möglich darin zu verweilen.

Wenn ich 'rausfalle, zentriere ich mich wieder, bis mich niemand mehr aus meiner Mitte schubsen kann.

„Nam Myoho Renge Kyo" steht in der Mitte des Gohonson. So konzentriere ich mich beim Chanten immer wieder auf meine Mitte und wachse über mich hinaus.

Aus Glaubenssicht wird empfohlen, mit der Einstellung zu chanten, den Buddha im eigenen Herzen sehen zu wollen und sich mit dem Herzen des Meisters zu verbinden.

Verstand oder Bewusstsein

Wir treten jetzt in ein Zeitalter ein, in dem wir uns über unseren Verstand* erheben, um ganz bewusst im Hier und Jetzt zu leben.

Der Verstand lebt entweder in der Vergangenheit und bereut vielleicht, etwas nicht getan zu haben; oder er ist in der Zukunft und macht sich Sorgen.

Er hält uns davon ab, jetzt zu sein. Unser Leben vergeht im Fluge. Wo waren wir?

Unser Verstand hat seine Berechtigung im Gefüge des Ganzen. Er ist jedoch zum unbewussten Herrscher meines Seins geworden, was nicht seiner Funktion entspricht.

Wenn ich z. B. die Treppen herauf gehe, denke ich währenddessen an alles, was ich machen möchte, wenn ich oben angelangt bin.

Der Moment ist nur ein Mittel zum Zweck. So verbringen wir die meisten Momente unseres Lebens.

Unser Bewusstsein, mein wahres Selbst, lebt jetzt.

Jetzt beginne ich bewusst, jeden kleinen Schritt meines Lebens zu erleben.

Ich bete bewusst, atme bewusst.

Beim Händewaschen spüre ich das kalte Wasser, ich spüre die Seife, ich spüre das Handtuch - bewusst.

Ich kleide mich bewusst und spüre die Kleidung an meinen Körper - bewusst. Ich übe mich in Bewusstheit, um im Hier und Jetzt zu bleiben.

Jetzt

Das Jetzt ist wichtig. Es existiert nur das Jetzt.

Wenn ich mich in der Zukunft oder in der Vergangenheit befinde, bin ich in meinem Verstand. Ist der Verstand in der Vergangenheit, empfinde ich Groll, Schuldgefühle, Reue. Seltener reproduziere ich schöne Erlebnisse. Bin ich in der Zukunft, mache ich mir Sorgen und habe Angst vor dem, was passieren könnte.

Da der Verstand nicht in der Lage ist, zu erkennen, was in der Zukunft sein wird, können mir meine Gedanken ganz schön Angst und Bange machen.

Nur im Jetzt lebe ich wirklich.

Ich mache mir wieder bewusst, wer ich wirklich bin und frage mich, wovor ich jetzt und hier in diesem einen Moment Angst oder womit ich ein Problem habe.

Ich sehe keins. Sollte ich ein Problem finden, kann ich es jetzt annehmen und lösen.

Um sicher wieder aus dem Verstand zu kommen, konzentriere ich mein Bewusstsein auf meinen gesamten Körper, spüre mich als Einheit und erweitere mein Bewusstsein, bis es schließlich das ganze Universum umfasst und alles mit einbezieht.

Ich erfahre in diesem Moment tiefe Erfüllung.

Jetzt setze ich glückliche Ursachen für meine Zukunft.

Chancenbewusstsein

Schwierigkeiten polieren unser Leben, so dass es vor Glück und Nutzen erstrahlen kann.

Selbst der prächtigste Diamant wird nicht funkeln, wenn man ihn in seinem ursprünglichen, ungeschliffenen Zustand belässt.

Das gleiche gilt für unser Leben.

Erkennen wir, dass alle Schwierigkeiten in unserem Leben Herausforderungen sind.

Chancen, um uns zu polieren, damit wir glücklich werden.

Wir sind von unserer inneren Natur her reich. Wir werden in allen Bereichen unseres Lebens Erfolg haben.

Von jetzt an

Von jetzt an trainiere ich mich als Beobachter meines Selbst.

Der Buddha sagt, man solle Meister
seines Herzens werden, anstatt sich
von seinem Herzen meistern zu lassen.
Dies genau ist der entscheidende
Moment, jeden negativen Gedanken,
jede vermeintlich negative Handlung
durch das Gebet mental positiv umzu-
erleben.

Das ist ein Prozess, in dem wir auf jeden Fall liebevoll mit uns sein dürfen.
So wie wir als Baby geduldig laufen
gelernt, sprechen gelernt haben. Wir
fallen hin, stehen wieder auf und rü-
cken die Krone wieder gerade.

Hierbei gilt das Prinzip „Von jetzt an".
Ich kann in jedem Augenblick wieder
neu beginnen, unabhängig davon,
was ich im letzten Moment versäumt
habe.

Schritt für Schritt baue ich mir ein Leben auf, indem ich gezielt Ursachen

setze, die meinen Wünschen und Zielen entsprechend als Realität in Erscheinung treten.

Weiterhin führt diese Einstellung zu besseren zwischenmenschlichen Beziehungen, weil ich unabhängiger werde von den Reaktionen und dem Verhalten anderer Menschen Diese sind nur ein Spiegel meiner in der Vergangenheit gesetzten Ursachen.

Ich brauche mich nicht verletzen zu lassen und nicht schlecht zu fühlen. Ich erkenne mit Leichtigkeit: Oh, da habe ich eine nicht gewünschte Ursache gesetzt. Dies ändere ich jetzt sofort, indem ich jetzt die richtige setze, bis alle Bereiche meines Lebens meiner mir vorgestellten Realität entsprechen.

Gleichzeitig erkenne ich auch immer mehr im Spiegel meiner Umgebung, dass ich anderen Menschen helfen kann, sich an ihre von Natur gegebene Schöpfermacht zu erinnern.

Es ist unser wahres ursprüngliches Selbst. Diese Buddha Natur ist vollkommen ausgestattet und hat die Kraft, vollkommen glücklich zu sein.

Damit befreien wir uns von der Illusion, unser Glück im Außen zu suchen und uns davon abhängig zu machen.

Unser inneres Kind brauchte die Liebe von den Eltern.

Unser wahres Selbst ist frei und ist Liebe in sich.

Unbegrenztes Mitgefühl, Freiheit und tiefe Freude, einfach nur am Leben zu sein, strömen aus uns hervor, ohne dass wir uns verändern müssen.

Wir erlangen die Buddha Schaft in unserer jetzigen Gestalt, so, wie wir jetzt sind.

Wir können gelassen einen Lebenszustand genießen, der so ewig und unbegrenzt ist wie das Universum selbst.

Entschluss

In manchen Momenten sehne ich mich danach, mich einfach einer äußeren Kraft und Macht hinzugeben.

Endlich brauche ich nicht immer alles in meinem Leben alleine zu tragen.

Dabei vergesse ich, dass mein kleines Ich sich meinem wahren Selbst ebenso hingeben, fallen lassen und vertrauen kann.

Mein Ego nimmt den ihm gebührenden Platz im Ganzen ein. Es ist mein Freund und Helfer und es erinnert mich immer daran, wenn ich nicht ich selbst bin.

Hiermit entschließe ich mich, meinem wahren Selbst die volle Verantwortung für mein Leben zu übergeben und mich in Liebe und Achtsamkeit um mein inneres und äußeres Wohl zu kümmern.

Ich bin bereit, meine mir von Natur aus gegebene Schöpfermacht und Kraft mit Liebe in Besitz zu nehmen und all das in meinem Leben zu erschaffen, was mich ganz erfüllt und wirklich glücklich macht.

Auch der Daishonin beschreibt in einer seiner Abhandlungen, wie er seine vorläufige Identität ablegte und seine ursprüngliche Identität als Buddha offenbarte. Erst dann konnte er seine Lebensaufgabe erfüllen.

„Dieses Leben ist wie ein Traum. Man kann nicht wissen, ob man den nächsten Tag noch lebt", erläutert der Daishonin einem Schüler.

Obwohl das gegenwärtige Leben so flüchtig ist wie ein Traum, ist es dennoch der jetzige Moment, der unsere Zukunft verursacht.

Genau jetzt können wir einen Lebenszustand der inneren Freiheit in uns öffnen und aus uns selbst heraus glücklich sein, wenn wir unser wahres Selbst annehmen und den Zustand des ewigen Glücks erlangen.

Mitgefühl

Mein wahres Selbst ist auch Dein wahres Selbst. Ich bin Du und Du bist ich.

Auf der universellen Ebene sind wir alle eins.

Es ist somit hilfreich, sich nicht nur mit mir selbst und meinen Schwierigkeiten und Herausforderungen zu beschäftigen, sondern auch über den eigenen Tellerrand zu schauen, mich mitfühlend meiner direkten Umgebung zu widmen.

Ich kann nun mal auf Dauer allein nicht glücklich sein, wenn meine Umgebung weiterhin leidet. Ermutige ich andere, ermutige ich mich gleichzeitig selbst.

Ich mache Urlaub von mir selbst. Diese Erholung von meinen Herausforderungen verschafft mir einen gewissen Abstand zu meinem eigenen Leben und ich kann wie aus der Vogelperspektive besser erkennen, was mein nächster Schritt ist.

Mitgefühl für andere verleiht mir das Gefühl, verbunden zu sein. Letztendlich haben wir alle ähnliche Herausforderungen als Menschen. Wir leben in einer kosmischen Einheit.

Interessanterweise erkenne ich mich besser und klarer durch andere.

Wie der Daishonin bereits treffend feststellte, kann man seine eigenen Wimpern nicht sehen, obwohl sie so nah sind.

Weisheit und Mitgefühl des Buddhas sind Qualitäten, die durch „Nam Myoho Renge Kyo" unser Leben bereichern und uns selbst und anderen Glück bringen.

Je mehr Menschen in Würde erstrahlen, desto eher kann das Schicksal der gesamten Menschheit verändert und in die Umlaufbahn des dauerhaften Friedens verwandelt werden.

Frieden

Frieden ist die Grundlage eines erfüllten Lebens.

Ohne Frieden um uns ist unsere spirituelle Entwicklung ohne Gleichgesinnte schwierig.

Ohne Frieden in uns werden wir auch außen keinen Frieden schaffen.

Die Zeit ist reif

Erwachen wir jetzt aus unserer Illusion eines getrennten Egos und kehren in die Einheit zurück, unserem universellen Selbst, das seit Ewigkeiten darauf wartet, von uns entdeckt zu werden.

Entwickeln wir ein klares Bewusstsein unserer Identität in dieser Welt. Wir sind mit einer einzigartigen Aufgabe in dieser Zeit auf diesem Planeten geboren mit einer besonderen Gabe.

Ich wünsche Dir die Gewissheit, dass letztlich Dich nichts mehr umwerfen kann. Das Leben liebt Dich und trägt Dich. Du bist allem gewachsen und wächst mit jeder Herausforderung des Lebens über Dich hinaus.

Du wirst dadurch immer stärker und selbstbewusster.

Weiterhin wünsche ich Dir die Erkenntnis, dass Du einen sinnvollen Platz im Ganzen ausfüllst, genau so, ja gerade so, wie Du jetzt bist.

Auf dass Du mehr und mehr an den unendlichen Wert Deiner Person und an die Gültigkeit Deiner eigenen Existenz glauben kannst.

Ich wünsche Dir, dass Du Dir gewiss bist, im Ganzen des Lebens voll aufgehoben zu sein und Dich dazugehörig fühlst.

Dass Du, so wie Du jetzt bist, Dich selbst lieben kannst und geliebt fühlst, Deine Liebe frei geben kannst, ohne Dank zu erwarten.

Du erlangst das beglückende Gefühl des Eins Seins mit Dir selbst und der Welt.

Die ganze Umgebung wird zu einem unerforschten Raum Deiner Selbstentfaltung.

Du bist es wert, Deine Wünsche direkt zum Ausdruck zu bringen und zu leben.

Du kannst endlich ankommen, so sein, wie Du wirklich bist, ohne Scheu und Angst.

Du lebst aus einem Allgeborgen-heitsgefühl und gleichzeitig erlaubst Du auch anderen diese Freiheit.

Das Glück wohnt im Inneren.

Du fragst mitfühlend Deine noch unglücklichen Mitmenschen: Warum suchst Du es im Außen?

Wenn nicht ich mir selbst wert bin, wer dann?

Wenn nicht jetzt - wann sonst?

Haben wir immer wieder den Mut, uns unserem Unglauben an den uns naturgegebenen Selbstwert zu stellen.

Erst durch die komplette Annahme, das bedingungslose Ja zu mir, kann heilende Wertschätzung geschehen.

Herzlichen Dank

Ich möchte meinem Ehemann Bruce, allen Mitgefährten und vor allem meinem Meister Daisaku Ikeda ganz herzlich danken.

Ohne ihn hätte ich nicht direkt mein wahres Selbst entdecken und dank der SGI fördern können. Ohne seine täglichen Ermutigungen und das Training, meine einzigartigen, großartigen wertvollen Fähigkeiten entwickeln zu können, wäre ich niemals so weit gekommen, mich aus meinem Ego befreien zu können.

Ich bin bereit, an der Entwicklung weltweiten Friedens aktiv mitzuwirken und mit meiner Schöpferkraft dem großen Ganzen und Dir zu dienen.

Ich wünsche Dir wirklich alles Gute und ein sinnvolles, erfülltes glückliches Leben, auf dass Du Deine Träume Wirklichkeit werden lässt.

Vor Dir liegt ein schöner Weg, egal, wie alt Du bist und wie aussichtslos jetzt Dein Leben zu sein scheint.

Folge der Stimme Deines Herzens.

Wenn Du mir von Deinen Veränderungen berichten magst, die dieses Buch in Deinem Leben bewirkt hat, freue ich mich auf eine E-Mail von Dir unter Barbararobinson028@gmail.com.

„Duftende, wunderbare Gärten gibt es nur, weil jede Pflanze auf ihre einzigartige Weise blüht und damit zur allumfassenden Harmonie beiträgt", sagt Präsident Ikeda.

Indras Netz

Eines der Sutras beschreibt, dass der Palast der Gottheit Indra von einem prächtigen Netz aus Juwelen umgeben ist. Man nennt es „Indras Netz".

An jedem Knoten in diesem Netz ist ein leuchtendes Juwel angebracht.

Und jedes spiegelt alle anderen Juwelen wider.

Dieses großartige Bild ist eine Metapher für ein Netzwerk der menschlichen Vielfalt und gegenseitigen Achtung.

Quellenangabe

Im Buch erscheinende Zitate stammen aus folgenden Quellen:

Die Menschliche Revolution

Autor: Daisaku Ikeda

Neue menschliche Revolution

Autor: Daisaku Ikeda

Das Buch vom Glück

Autor: Daisaku Ikeda

Die Schriften Nichiren Daishonins

Herausgeber: Soka Gakkai

Tägliche Ermutigung

Autor: Daisaku Ikeda